逆のものさし思考

【逆のものさし講とは】読書と実践を通じて、自らの肚で考え、常識に流されない確かな「ものさし」を身につけることが目的の勉強会。世間のものさしをはずしてものごとを見ることで、「本当のことは何か」、「世間で言われていることの裏にはなに

「人はなぜ本を読むのか」「読書とは何か」「読書には、どんな意味があるのか」という問いと向き合う精神を育てている。書店『読書のすすめ』の清水克衛店長の選定本と、全国で行う勉強会で逆のものさし思考を養うベースづくりを行う。

※本書は、平成二九年秋から平成三〇年春にかけて、各地で行った勉強会での清水店長の講演をまとめた。

編　集　斉藤和則（エイチエス）
編集協力　金子美里
イラスト　大石　香（ruco-bon*）

はじめに　―常識を疑え　見識をもつ庶民たれ―

私が逆のものさし講を始めようと思ったきっかけは、『退歩を学べ―退歩なくして進歩なし―』（森政弘・著／アーユスの森新書）という本との出合いでした。この本には、私たちが常識だと思っているものが、いかにおかしいのかが書かれています。

産業革命が起きてから、人類は進歩しか目指してきませんでした。進歩、進歩、進歩。ここらで退歩を学ばなければいけないのではないか。

部屋のなかにいるハエが表に出ようとして、窓ガラスにバンバンぶつかっていることがありますよね。今の我々は、そのハエと同じ状態です。進歩一辺倒で前に進もうと思っても、そこにガラスの壁があって前進できない。でも前進を一旦やめて後退してみると、窓ガラスにあるちょっとした隙間を発見できて壁の向こうに行けるのじゃないだろうか。この本には、そういうことが書いてあるんですね。

なるほどそうだ。ちょっと退歩をする必要がある。そう感じたのです。

最近、スマホの新しい商品では顔認証ができるそうですが、そんなよく考えたらそんなものいるでしょうか？　スマホがテレビのリモコン代わりにもなるとか、そんな機能いりますか？　進歩一辺倒で来ているから、そういうおかしな流れになってしまうのです。

たとえば、船で川下りをしていて一方の岸に桜が咲いていたら、乗っている人は花の咲いている側に寄っていきますよね。でも「桜がキレイキレイ、見たい見たい」と皆が片側に寄ってしまったら船は転覆してしまいます。そうならないためには、周りが騒いでも「花が咲いている岸の反対側に立って転覆を防ぐんだ」と考える人がいなければならないのです。

逆のものさしというのは、まさにこういう視点のことをいいます。

道具の奴隷になっている現代

オーストラリアの哲学者イヴァン・イリイチが書いた『コンヴィヴィアリティの

ための道具』（ちくま学術文庫）という本があります。コンヴィヴィアリティとは自立共生という意味で、この本には「すべてのシステムや道具には、第一分水嶺と第二分水嶺がある」と書いてあります。

携帯電話を例にとってみましょう。できた当初は皆「なんて便利な道具なんだ」と思いました。好きな女の子に電話して、お父さんが出てしまうリスクがなくなるし、素晴らしく便利だと思うわけです。このように、技術が開発されてそのよさを享受できる状態を第一分水嶺といいます。

しかし、その便利な道具も時間が経つと、必ず技術発展に伴う第二分水嶺を迎えます。そこを超えたら、人は道具の奴隷になってしまうと書かれているのです。実は携帯電話も、いまや第二分水嶺を超えて我々はその奴隷になってしまっています。携帯がないと仕事ができないとか、生きていけないなんていう人がたくさんいますよね。

考えてみると医療も同じです。西洋医学が発達した当初は伝染病がなくなったり、いろいろな病気が治って皆が喜びましたが、第二分水嶺を超えた今は医者が病気を作ってしまっています。私が子どもの頃は風邪を引いたくらいでは医者には行かずに、焼いた葱を首に巻いて寝ていればいいと言われていました。それで本当に治っていたから不思議なんですけどね。でも今は、医者に「こういう病気です」と言われたらハイといって、出されるままに薬をもらって……。いつの間にか人間が病院の奴隷になってしまっています。

学校教育も同様で、義務教育制度によって最初は勉強したくてもできない子がみんな学校に行けるようになって喜びましたし、識字率も上がりました。ところが今、それが第二分水嶺を超えて、誰もが学校の奴隷になってしまっています。学校で先生に教わらなければ学問ではないという考え方です。ですから、どんなに博識でも近所のおじさんに勉強を学んだのでは学歴にはならないし、資格も取れません。では、博識のおじさんから学んだことはなんなのか？　本当はこれも立派な学問のはずです。

それに、就職するときに大卒と書いた方が有利だとか言っている時点で、学校の奴隷になっています。誰もが大学へ行かなければならなくなって、いまや大学を無償化すると言い出していますが、あれはまったくの間違いです。

根本的なところ、現代はほとんどのものが第二分水嶺を超えていて、人間はさまざまな道具の奴隷になっています。

イヴァン・イリイチは一九七〇年代に活躍した哲学者なので、この本には出てきませんが、今はAIというテクノロジーが現われました。これが導入されれば人間は3Kの仕事をしなくてもよくなり、ロボットにまかせればいいと言われているので最初はみんな喜ぶはずです。

だけど、イリイチは「どんなものでも必ず第二分水嶺を迎える」と予言していて、今まですべて当たっていますから、AIが第二分水嶺を迎えたとき、人間は人工知能の奴隷になる可能性があるわけです。

では、道具の奴隷にならないためにどうするのか。イリイチは、必ずノーと言わなきゃダメだと提案しています。そうすると周囲からは「おかしな人だ」とか「あいつは馬鹿だ」といわれてしまいますが、それを覚悟のうえで「結構です」と断らないと、みんなが道具の奴隷になってしまうのです。

著述家であり実業家でもある執行草舟《しぎょうそうしゅう》さんの会社には、未だにパソコンが一台もありません。斉藤一人さんの事務所も同じで、今でもそろばんで経理をやっています。加えて執行社長の会社の社員は、入社のときに携帯を捨てろと言われるのです。あそこの社員から電話が来るときは、公衆電話からなので、最初は変わった会社だなと思っていました。でも、この本を読んで「なるほど」と理解したのは、執行社長も斉藤一人さんも道具の奴隷になることに、はっきりノーと言っているわけです。

考えてみたら、楽しようと思って技術を開発したのに、結局楽になってないですよね。新幹線が出来たから東京―名古屋は日帰りができるようになって、あわてて帰って来なきゃいけなくなった。静岡ならいまや日帰りが当たり前になっていますよね。それまでは熱海で泊まって、温泉でも入ってからゆっくり帰って来られたのに。そしてパソコンが出来たら暇になると思っていたのに、誰も暇になっていなくて、まったくの奴隷になっている状態です。

こういうことも踏まえて、常識の逆側に立ってみるとか、ものごとを逆に見てみることをしないと、自分が携帯電話やパソコンの奴隷になっていることにさえ気がつかなくなってしまいます。

善い人が悪い人？

今、世の中が非常に嘘くさいと思いませんか？　なぜ嘘くさいのか。『最強のニーチェ』（飲茶・著／水王舎）を読んで、なるほどこれからはさらに逆のものさし的思考が必要になると確信するようになりました。

この本のなかに、善い人と悪い人について書かれている部分があります。「あの人いい人だね」というと、みなさんはどういうイメージを持ちますか？　優しくて、謙虚。逆に悪い人はどうでしょう。声が大きくて出しゃばっていて上から目線で……、簡単に言うと田中角栄さんとか石原慎太郎さんのような人でしょうか。

ところがニーチェによると本来これはまったく逆で、このようにイメージが逆転してしまった背景にはキリスト教の拡大が関わっているそうです。教会は増加する信者をまとめるためにも、従順で弱い人つまり〈羊〉を沢山作る必要がありました。何の疑問も持たずに言うことを聞いてくれて、右向け右！　と言えば素直に右を向いてくれるような従順な人を作らなければいけなかったのです。

キリスト教が大きくなる以前の善い人は、敵が襲ってきたら最初に前に出て勇猛果敢に戦いに行くような人でした。武士道でいえば〈義〉です。〈羊〉に〈我〉と書きますが、羊の群れに敵が襲ってきたら、われ先にと突っ込んでいくような人物。食べ物がなくなったら、「俺がジャングルに行って探してくる」というような、体力があって、声も大きい人だったりするのです。それは我々が考える悪い人のイメージと重なります。

本来はそういう人が善い人で、謙虚で自分の意見を持たない人は悪人だったのが、キリスト教の発展に伴って逆転してしまったということです。そう考えると、いい人というのは単に従順な人で、学校でいういい子も先生の言うことを「はい」と言って聞き、宿題を忘れない、大人にとって都合のいい子かもしれません。

日本でも明治維新の頃に西洋文明が入ってきて、一五〇年も経つとその影響を受けて善い人と悪い人が入れ替わっています。お恥ずかしい話、私も同じ思考になっていました。けれどもニーチェは、謙虚な善い人ではなくて、力への憧れ、力への意志を持つ人になれ、と言っています。イジメにあったのなら、「お前たちのやっていることはよくないんだ」とはっきり言うような、力への憧れを持つのだ、と。

今は大手企業がどんどん攻めてきて、小売店が軒並み潰れている現状です。その状況に危機感を覚えたフランスでは、アマゾン禁止令みたいなものがあるらしいです。トランプ大統領も「アマゾンけしからん」と言っていました。彼も日本では悪い人のイメージかもしれませんが、本当は善い人なのかもしれません。もちろんアマゾンで働いている方もいらっしゃいますから一概には言えませんが、わが国の首相にもぜひ力への意志を持った発言をしてもらいたいものですね。そして、本当の善い人・悪い人とはどういうものなのかを、今一度考えてみてほしいのです。

読書のすすめでは悪人になろうという本を多く揃えています。善人か悪人かというのもコインの裏表です。力への意志があって、その力を公のため・誰かのために発揮しようとするのが本当に善い人ではないでしょうか。私も時代劇をたまに見ますが、水戸黄門では権力を持っている人が公のため、弱い人のために尽くしています。つまり、これが善い人だということです。それをすっかり忘れて、今は善人と悪人が入れ替わっているのにさえ気づいていません。だから逆のものさしを持とうということなのです。

善悪を超越した思考を持つ

逆のものさしの重要な考え方の一つとして、三性《さんしょう》の理《り》という仏教思想がありま す。これは、ものごとの理《ことわり》には善・悪・無記という三つがあって、善にするのも悪にするのも心の置き所によるという思考です。これはよく「ドスとメス」という例で説明されます。本来はどちらも鉄のヘラであり、善でも悪でもない。このように記《しるし》をつけていない状態を無記といいます。これが人を殺すドスになるのか、命を救うメスになるのかは使う人の心によって変わってきます。この考え方に立って、ものごとを見ていくことが大事です。

〈三つの『ち』〉という話もよくしますが、これは変えられない宿命のことです。人間は宿命の〈三つの『ち』〉をひっくり返さないといけません。一つ目は血液の血、自分の親は変えられないということです。二つ目が土地の地、生まれた土地も変えられないですよね。そして、三つ目は知識の知。知識というのは必ず錆びて劣化していく宿命があって、それに抗わなければいけません。

もっといい土地に生まれていたらよかったのになんて、そんなこと思うくらいなら、あきらめないでその宿命をひっくり返さなければいけないのです。読書のすすめも、場所が悪いと言われていますが、その〈地〉をひっくり返すために考え方を変えたり、努力をし続けてきました。どんな親から生まれたかは変えられません。暴力を振るう親の元に生まれてしまうこともある。そうだからグレるというのではなくて、宿命をひっくり返して、この〈三つの『ち』〉を好転させていく仕事を一人ひとりがしなきゃいけないということです。特に今は、〈知〉が非常におかしいですから、逆のものさし講では、これをひっくり返していこうじゃないかと思っているのです。よろしいでしょうか。

檻から出よ！

『国境のない生き方』（ヤマザキマリ・著／小学館新書）には、著者が十四歳のころに一人でヨーロッパを旅した話が書かれています。その旅でヤマザキマリさんは、レストランでの注文の仕方も切符の買い方も何ひとつわからない、何もできない自分に気づいて、いかに自分が日本でいろいろなものに守られ、与えられてきたのかを知りました。そのとき、自分は動物園の檻のなかにいる動物と同じように、なんでも与えられてそれを使いこなすだけではダメだと思い立ちます。そして「檻から出るんだ」という意識を持って、画家を目指してまたヨーロッパに行くのです。

もちろん檻から出ると壁があったり、落とし穴があったり、谷や山があって苦労もします。しかしそれを乗り越える喜びが、本来の人間の喜びだと彼女は気づくわけです。

私もそのことを非常に強く感じます。与えられた喜び……たとえば与えられたゲームだけをやって楽しんでいる。与えられたもののなかでしか喜びが手に入らないということは、どれだけつまらないことか。ゲームがいいとか悪いとかという話ではないですよ。たとえるなら、高校球児が苦しくて厳しい練習を乗り越えて、勝ち進み、やっと目指していた甲子園に出場する。こういう喜びですよね。嫌なことや否定されること、苦しいことが存在するからこそ、喜び・嬉しさ・楽しさが本来のものとなることに気づかなければいけません。全員が動物園の檻から出ろと無茶なことは言いませんけれども、一人でも多くの方がそういう本当の喜びに気づいていただければと思っています。

『たとえ世界が終わっても』（橋本治・著／集英社新書）の帯には、〈バカ化する世界の正体〉とあります。

バカ化する世界とは、動物園の檻のなかにいて考えなくても済む状態をいっているわけです。檻のなかにいる人の数がこんなにも多い状況は、二千年以上続いてきた日本の歴史でも類を見ないほどではないでしょうか。われわれは簡単便利なものをたくさん手に入れた代わりに、本来の精神的な喜びを犠牲にしてきたのです。

大疑下に大悟あり

「そもそも論」を考えることは大切です。どんなことにも表と裏があって、表だけで存在することはできません。人間には男と女がいて、男だけでも、女だけでも生きてはいけない。二つで一つごとなのですから、皆さんも世間の常識を一旦疑ってみていただきたいのです。

それから新聞や雑誌に書いてあることが本当か、と疑ってみることも大事です。疑うことを悪と捉えることもありますけれども、禅には「大疑下に大悟あり」という言葉があって、大きく疑うものには、大きな悟りがあると教えています。

今は、周りに足並みを合わせた〈普通〉というものに縛られてしまう人が非常に多いのでよくないです。〈普通〉が何かとよく考えれば、そんなものなどあり得ないことがわかるはずです。

人間のDNAがみんな違うように、それぞれ違うんだから〈普通〉にごまかされてはいけません。現代はそれに縛られて悩んでいる人がいっぱいいます。普通ということ自体を疑う必要があるのじゃないでしょうか。いい意味で、まず疑う、それが大切です。

一人庶民革命を！

みなさんぜひ一人庶民革命をしましょう。今は、徒党を組んで革命をする時代ではありませんから一人ひとりが動物園の檻から出て、本当の喜びをつかもうじゃないですか。そうして、一人庶民革命をしていきましょう。

『TN君の伝記』（なだいなだ・著／福音館文庫）のなかで最後まで本名は出てきませんが、このTN君とは幕末明治に活躍した中江兆民のことです。彼は幕末明治に庶民が革命を起こすこと――我々がよく知っているのは武士の革命――が大切だと考えました。そのために一人ひとりがしっかりとした見識を持てるよう、TN君は頑張ったんですね。

逆のものさし講では〈一人庶民革命〉、つまり自分で見識を持って判断していきましょうと伝えてます。そういう人が増えれば、いろいろなことが大きく変わっていくはずです。

〈金は天下の回りもの〉〈風が吹けば桶屋が儲かる〉が経済の鉄則です。そう考えて、私は最近「釣りはいらないよ」と言うようにしています。それをすると、たかが百円でも二百円でもあちらは非常に喜んでくれるし、私も気持ちがいいです。先日もピザを売りにきた子が、千八十円のお会計だというから千百円出して「釣りはいらないよ」と言ったんです。そうしたら「そんな申し訳ないです。それはできません」って二十円返そうとするんですね。「二十円ばかりで俺がそこまで言われると恥ずかしくなるから貰っておきなよ」って、貰ってもらったんですけど。

私も以前はそうでしたが、現代は下手をすると一円も損をしたくないという風潮です。こんなことで日本が本当に豊かな国になるはずがありません。ですから「釣りはいらないよ」ということも、ぜひ一度試してみてください。おそらく、逆のものさしを持つことの大切さを実感できると思います。寅さんの映画でも食堂でご飯食べて「釣りはいらないよ」と言うと「お客さん足りないんですけど」なんて場面がありますけど。

自分自身の反省も込めて言いますが、最近は考えが浅薄です。本当に得をしたいならまず人を喜ばせようということに尽きるのです。

考えることを止めるな

みなさん、「生きるとは何か」と聞かれたらなんと答えますか?

この間、なにを勘違いされたのか私なんかが浜松の小学校に呼ばれまして、子どもたちの前で話をしてきたのです。そのとき「生きるって何?」って、家に帰ったらお父さん・お母さんに聞いてごらん」と言いました。今は、そういう質問に答えられる大人がいないのではないんでしょうか。しかし、それをぴしっと答えられなければいけないはずです。「うるさい。生意気言うんじゃない」って殴るのでもいいと思うんですけれども。

小学生に「みんながイジメやケンカをしたら、先生や親に怒られるよね」聞くと、みんな「はーい」と答えるのですが、「じゃあ、どうして大人の世界には戦争やテロがあるのだろう？　週刊誌の報道だってまるでイジメのようだけれど、どうしてそうなっちゃうのかね」って聞くとなにも言えない。それは大人がそのことについて真摯に考えていない証拠です。「考えることを止めないためにも君たちは、今からちゃんとした本を読まないとね。大人になって、本当のクソジジイとクソババァになっちゃうよ」と話したら、講演が終わった後に図書館に人が殺到したらしいです。小学生のうちはかわいいもんですよ。もうちょっと「そもそも論」というかね、そこに立ち返らなきゃいけないんじゃないかなと思っています。

世間は読書離れしていて、その原因がパソコンやゲーム、テレビの影響だとみなさん仰るんですけど、私はそう思わない。

一番の原因は、本が本来の筋から外れてきていることです。

今の出版業界は、売れることが第一優先で大衆に合わせて本を作っている。だから本を出そうとしたら、九五％の人に向けた企画書を出さなきゃいけません。そして企画を出すときには、類似本がどれくらい売れているかを調べます。売れているようだったら企画を通すというおかしな話になっているのです。

本来、本にはわからないことが書いてあって、それを私たちが「書いてあることはなにか」と考えながら読んでいたはずのに、いつの間にか本を大衆に合わせて、簡単・サルでも分かるようなものにしてしまったのです。大衆に合わせるのだったら、インターネットとかテレビの方が有利ですからね。

そして「なぜ」と考える人が少なくなったから、読書する必要性を感じない人が増えているのではないでしょうか。

でも、このままではいけないと思いませんか。たぶん私のように思っている人はたくさんいるのでしょうが、なにせ変人扱いされますからなかなか広まりません。逆のものさし的な思考を取り入れて、きちっと考える人を少しでもいいから増やしていきたいものです。

読書は〈読む〉と〈書く〉という字で作られています。時代に流されない内容の本を読んだら、次にはものを書いて行動する。やってみる。これがインプットとアウトプットをするまっとうな読書です。逆のものさし講ではそこを目指していきたいのです。

『進みながら強くなる』（鹿島茂・著／集英社新書）には、〈欲望道徳論〉〈欲望と道徳は両立する！　人生の得を最大化するための考え方！〉とあります。人間ですから、欲も自分が得したいエゴも必ずある。欲があるから人間なのに「欲を捨てろ」なんていう人がいたらインチキですから気をつけていただきたい。

欲があることを前提にして、本当に得をする欲とは何かを徹底的に深く考えていく。これを深化と言います。そう考えていくと、最終的には相手を喜ばせることに行きつきます。人は一人では生きていけないわけですから、誰かを喜ばせることが回りまわって自分に巡ってくるのです。でも今は、深く考えずに自分が得したい人たちばかりですから、ギスギスした情のない世の中になっていくのは当たり前です。自分が得をしたいと心底突き詰めていったときに、我々日本人というか、現代人は一つステージが上がります。

ステージが下のままでいると、上がまるっきり見えないし、何をやっているのかがわからなくて怖いです。でも一度ステージが上がると、下がよく見えるようになる。いろいろ考えて工夫しながらステージを上げて、下のステージがいかに愚かだったのかということをちゃんと理解して進んでいきましょう。

人類は歴史上常に次元上昇してきました。我々もその端境期にきています。多くの人は少しも損をしたくないと考えていますが、本当の意味でそれがいかに損をしているのかに気づいて、一人でも多くの方に一日も早く上のステージに上がっていただきたいです。

第一講

一元論で世の中を見る

ものごとを分けて考えるというのは、賢いことのようにも見えます。でも、本当にそう簡単に割り切れるものなのでしょうか？　一つのものごとのなかには、相反する二つの要素が含まれているのです。コインの裏があるからこそ表も存在するように、両者を分けてみたところでことは成立しません。一元論とは、ものごとを分けずに考える方法。日本人が持っていた古来の考え方なのです。

二元論は、正確には二元性一元論といいます。

どんなことも善とか悪とか、上とか下とか、右とか左だとか、対立させて考えると分かりやすくなります。このような二元的ものの考え方は西洋思想で、この二元論があるからこそ科学は発展しました。

一方、日本人は本来、もう一つレベルの高い一元論でものを考えていたそうです。一番わかりやすい例は善悪です。一元論の場合、善だと思うものにも必ず悪が入っているし、悪のなかにも善という種が必ず入っているという考え方をします。両者は割り切れないものであり、それが宇宙の法則でもある。円周率を考えてもわかるとおり、宇宙は割り切れないもので、その割り切れないところが一元論なのです。

『退歩を学べ』や『魂の読書』（清水克衛・著／扶桑社）には、三性《さんしょう》の理《り》という話が出てきます。これは、ものごとに三つの性質があるという考え方です。

先ほどと同じように善と悪を例にしてみましょう。善悪を分けて考えるのが二元論で、この二つは相反するものだと思われています。日本人にもそう考える人が多くなりました。

ところが鈴木大拙の本を読むと、「AはAであってAではないからAである」という言い方で口酸っぱく一元論のことを言っています。この表現ではどういうことだかさっぱりわからないと思うのですけれども、一元論とはものごとを分けない、色をつけない、記《しる》をつけないで考えるということなのです。ものごとに色をつけるとは、目や耳から入る五感の情報に対して一つひとつ自分なりの判断をしていくことです。ビールが好きな人はビールを見て美味そうと思うけど、二日酔いの人は同じビールを見ても気持ち悪いと思う。このように色をつけてものごとを見てしまうと、ことの本質がつかめなくなってしまいます。

今こそ一元論的な考え方をすることが、本当に大切なのではないでしょうか。たとえば勉強のできない子どもがいたら、いまどきのお母さんはそれを悪だと色づけして、もっと勉強しなさいと言います。でも色をつけずに無記でその子をとらえてみると、勉強ができないけどかけっこが速いかもしれない、笑顔がいいかもしれない、思いやりがあるかもしれない。勉強ができない＝悪という考えを全部はずして、無記で個人そのものを眺めてみると必ずいいところがあるので、それを生かせるようにする。このように、その人・そのものの持つはたらきを全部生かしてやることを全機といいます。この考え方っていいと思いませんか？　一人ひとり苦手なことがあっても無記でとらえれば、必ず良いことに転化できる方法があるということです。

二十年前に「読書のすすめ」を始めたとき「場所が悪いからこんな場所で本屋をやったってダメだよ」とさんざん言われました。でも場所が悪いことを無記でとらえて、だったら本を薦めればいいじゃないかと私は思い至ったわけです。一元論でものを見られれば「だったらこうしてみよう」と考えを転化して全機にできます。

読書のすすめを始める前、私はセブンイレブンの店長でした。そのころ、「いらっしゃいませ」や「ありがとうございました」と大きな声で挨拶しないアルバイトには、その場で「帰れ」と言っていました。私は学生時代ずっと柔道部で体育会系でしたから、ついそういう感じでやっていたのです。

あるとき採用したばかりの大学生の男の子に「君は入ったばっかりで商品知識も少ないし技がないんだから、大きい声で挨拶しなさい」と例のごとく言っていたわけです。だけど、その子はお客さんが入ってきても、小さな声でしか挨拶しないんですね。私はいちいち怒って注意していましたが何度言ってもできないので、「こいつはもうクビだ」と思って彼を観察してみたんです。そうしたら声は小さいけれど、ちゃんとお客様とアイコンタクトしていることに気づいたのです。

それで私は「あ、間違っていたな」と思いました。

少し話はそれますけど、私は昔からアルバイトの面接のとき〈挨拶〉という字を漢字で書かせます。何百人と面接してきたなかで、正しく書けた人は二〜三人でしょうか。

で、最終的には私が漢字で書いて見せて「挨拶ってどういう意味？」と聞きますと、たいていみんなほにゃほにゃっとなってしまう。じゃあ、そもそもの意味を漢字から考えてみようと。挨拶の挨という字を調べてみると、開くと迫るという意味があって、拶にも同じ意味があります。漢字から考えて、挨拶は開くと迫るが強まった言葉で、自分の心を開いて相手に迫るのが挨拶ですよと、説明します。

採用をするときに、毎回この話をしていたはずなのに、私は大きな声で挨拶できない男の子がちゃんとアイコンタクトで、自分の心を開いて迫っていたことに全然気づかなかったのです。男の子が「（小さい声で）いらっしゃいませ」と言いながら、アイコンタクトしてニコッとする。するとお客さんもニコッとします。そういう挨拶をする子だから、彼はお客さんにとても好かれていましたよ。

私は声が出ないのを悪だ、大きく挨拶する人が善だと思っていたけれども、無記でとらえて声が小さくても何かいいところがあるんじゃないかと観察したときに、彼がアイコンタクトしていることに気づいた。そうしたら悪が善に変わったわけです。

これも無記で捉えた例の一つだと言えます。


二元論をペラペラ話す人は賢そうに見えますけど、そういう人は本当は愚かな人です。西洋の二元論的な考え方は、科学を発展させるために非常に役に立ちましたが、それによって大変幼稚な社会になっていると思いませんか？

二元論で考えるから「お前が悪で、俺が善だ」と、両者を相反するものと思ってしまいますが、実際には善のなかにも悪があって、悪のなかにも善が必ずあります。

テレビのニュースで殺人犯の近所の人にインタビューしている場面が流れることがあります。そうすると「そんなことをする人には見えなかった」と答えているのをよく聞きますよね。本当はそういうもので、善人面していても、必ず悪の部分がある。我々のなかにも必ず両面があることを自覚しなければいけません。

最近フェイスブックなんかを見ると、みんな善人面で嫌気がさします。そして、なにかあればすぐに批判して、自分を問い直すことをしません。しかし、百パーセントの善人なんてこの世にいるでしょうか？　みなさんにだって、私にだって、悪の種が必ずあって、それを育てないようにするという謙虚な気持ちでいないと、非常に幼稚な世界になってしまいます。

一元論は大人の感覚であり、そういう思考を身につけておく必要があるのです。

現代の日本人の悩みは、ほとんどこの対立する二元論で考えるところから生まれているのではないでしょうか。たとえば、もっと痩せたいとかお金持ちになりたいとか。それはどこに基準があるのか考えてみてください。本来は、どれもコインの裏表で相反するものではなく同じもの、イコールと考えてどちらも含んでいるという思考をしたら、その悩みがいかに意味がないかとわかるはずです。

陰と陽という法則があって、両者は必ず循環します。陰がゼロになることはないし、陽がゼロになることもありません。

そういう概念を持つと、違うものがあるからこそ、私たちは生きていけると気づくはずです。

ついでに、西洋哲学と東洋哲学についてもお話ししましょう。

この二つの哲学は常に循環しています。たとえば『見えない心の世界』（根岸卓郎・著／PHP研究所）には、東洋と西洋の哲学が八百年周期で入れ替わると書いてあってちょうど今が、その八百年目に来ているそうです。いままでは西洋哲学が陽で東洋哲学が陰だったわけですが、八百年で循環して陰陽が入れ替わるその瞬間に我々は生きている。いい時代にいますよね。

アインシュタインは、東洋哲学をベースに西洋思想を取り入れて経済大国になった日本が、しっかり世界をリードしないと今後の世界が混乱するだろう、と言っていたそうです。私ではなくアインシュタインが、ですよ。

我々は日本人ですからそもそも東洋思想だったわけですが、一五〇年前に明治維新が起きて西洋思想の方が正しいとか、優れているという価値観に変えられてしまいました。だからここらでしっかりと日本の考え方を見直さないと、日本人ではなくなってしまうかもしれません。『すぐに結果を求めない生き方』（鍵山秀三郎・著／PHP研究所）のなかにはもう日本が終わっている、日本精神が終わっていると書いてあって衝撃的でした。戦争を経験した世代が生きていて精神的な貯金があるから、あと五年は持つかもしれないけど、その貯金が切れてしまったら日本精神がなくなるだろうと著者はおっしゃっている。さて、我々は日本人ではなくて何人になるのでしょうか。

日本は国土が狭くて資源もありません。そして大東亜戦争時代の日本人男性の平均身長は一五二センチしかなかったそうです。平均が、ですから、もっと低い人もいたかもしれない。そんな一五二センチ程度の日本人男性が、一八〇センチもあるアメリカ人と喧嘩したわけです。エネルギーもない日本が、明治維新を起こしてわずか二十年か三十年くらいで世界第三位の軍事国家になりました。そして原子爆弾を落とされても、敗戦後約四十年で世界第二の経済大国になった。他にこんな国はありません。

これは、なにがそうさせているんでしょう？　それは日本精神、気合です。

そして、日本精神のそもそもは一元論なのです。

『無名の人生』（渡辺京二・著／文春新書）には、江戸時代のことが書かれています。当たり前のことですが、今を生きる人たちは前の時代を悪くいわないと進めないという法則があります。それは歴史を見ているとわかるはずです。そうしないと自分たちが正しいといえないですから。だから明治政府は、江戸時代が劣っていると思わせてきました。

でも、本当に劣っているのでしょうか？　実はちょっと本を読めば、そうではないことがわかります。逆に今の方が劣っているじゃないのでしょうか。

江戸時代には十両の盗みをした人は死刑という決まりがあったそうですが、盗みで死刑になった人はほとんどいないそうです。実際には二十両とか百両とか盗む奴はたくさんいたらしいですが、今でいうお巡りさんに届け出るとき、死刑にならないように被害者側がみんな九両五分で報告したというのです。

それは、善のなかにも悪があり悪のなかにも善がある、と分かっていたからです。自分のなかにも悪があり、困ったら同じことをしてしまうかもしれないと分かっていて、たとえ二十両盗まれてもお上には九両五分で出す。自分と他人が分かれていないという考え方は、日本精神の根幹である一元論です。こういうことが我々にできるでしょうか？

江戸時代の素晴らしいところはほかにもいろいろありますけど、宗教観があるところもいいですね。

我々は、ほとんど損か得か好きか嫌いかというものさし、判断基準しか持っていませんが、あの時代の人は今と違って信仰心があるので、仏様のものさしというものも持っていました。

たとえば算数で「AさんBさんCさんの三人がいてリンゴが四つあります。これを等分に分けたらいくつになるでしょう?」という問題があるとします。現代の考え方だと、三人でリンゴが四つだから答えは一と三分の一です。ところがある女の子が、計算式を知っているにもかかわらず答えを一と書きました。なぜかと先生が尋ねたら、「だってA子ちゃんに一個、B子ちゃんに一個、C子ちゃんに一個。残りのもう一個を仏様のために神棚に上げる。だから一個です」と答えたそうです。信仰心があると普通にそういう答えがでます。損得だけじゃなく、仏様のものさしを持って世の中を見られるようにしたいですね。

第二講

非真面目のススメ

真面目でも、不真面目でもない、それが非真面目。世間のものさしを超えて、〈真面目〉であることを一旦否定してみましょう。ものごとを決めつけた時点で可能性はなくなってしまいます。一度、否定をしてみることで、世の中は違って見えてきますよ。私の本屋も「本屋であって、本屋に非ず」と考えるところからスタートしました。

前講の一元論にも通じるのですが、〈非〉という言葉は仏教のなかで使われると〈非ず〉という意味で、否定でも肯定でもなくなります。

たとえば真面目な人が善として、不真面目な人が悪だとする。真面目が高じると「俺が正しくて、お前が間違っている」となって、人を責めたり争いを起こしやすくなります。でも、いろんなことを言ったって百パーセント正しい奴なんかいるわけがありません。逆に、そんなことをいう人は、嘘をついているということです。

一方、不真面目な人は罪を犯します。「人の物を盗ってもかまわないだろ」という考えになってしまいます。どちらもいきつくと、あるいはやりすぎると、悪い方へ傾いてしまうんですね。だからこそ、我々は善も悪も両方含んでいるんだ、という非真面目な考え方をすることが重要です。

昔の文学にもありますが、「俺は最悪な人間だ」「自分はダメな人間だ」というところから始まると謙虚な人間になったりするものです。最近は真逆ですよね。「あなたはあなたのままで最高です」と言われて「そうかな」と勘違いしてしまう。だけど、誰にも必ず愚かなところがあると思いませんか。一番いけないのは、自分には悪があるんだということを知らないお調子者になってしまうことです。動物を殺して食っているという時点で、我々のなかには悪がある。それを忘れてはいけません。最近は、道徳を押しつけてくる人が多い気がします。道徳が厳しいというのは人間が愚かになっている証です。

駐車違反の取り締まりが厳しくなっていますが、非常に迷惑なところに車を停めて「人が乗ってるからかまわないだろ」って言う奴を最近よく見かけます。厳しくなる前は「ここに停めたら迷惑だからもうちょっと先に停めようか」とか、ある程度考えていたのに、決まりが厳しくなってきたら違反さえしてなければいいんだろと、迷惑なところに停めても平気でいるわけです。道徳や決まりが厳しくなればなるほど、自分ではなにも考えずに決まりさえ守っていればいいという思考になってしまいます。道徳を押しつけてくる人もそのことがわかって言っているならいいですが、なにも考えずただ「決まりですから」と言っているせいでどんどん愚かになっている。

そういう愚かな人にならないためにも、非真面目になっていかないといけません。政治家でも鬼の首を獲ったように相手を非難する人がいるけど、ああいうやり方はいい加減やめたほうがいいですよ。相手だって事情があるんだから、お互い事情を持ってやっていることを理解しながらやらないと。決してきれいごとじゃなく、相手のことを認めてやるとか、非真面目にやっていかないと、ものごとは解決しません。

問題解決することが目的なのに、その問題解決の下で争っていてはダメなのです。「朝まで生テレビ」なんか観ていたって議論がちっとも面白くない。問題を解決するのが目的なのに、俺が正しい、お前が間違っているというだけで、解決に到達しない。だから議論というのはくだらないなぁって思いますよね。

非真面目になっていきましょうよ。

第三講

無学でいなさい

仏教では、無学でいることをすすめています。学があろうとしてはいけない。少なくとも、自分は無学であることを知っていなくてはいけない、という教えなんですね。真理というのは、本来〈学〉のなかにあるのではなくて、生活や仕事のなかにあるのです。愚者と呼ばれた西郷隆盛は、愚者だからこそ大きく叩けば大きく響き、小さく叩けば小さく響くという人物でした。そういう愚か者でなければいけません。

無学と有学《うがく》という言葉がありますが、仏教思想において有学はダメで、無学になりなさいと説かれています。

世界は、最先端の物理学をもってしても分かっている部分が五パーセントで、残り九五パーセントは分からないといわれています。だから、本当は分からないことの方が圧倒的に多いんです。でもみんな分かったふりをするんですよね。

いわゆる成功とか、仕事が上手くいきたいとか、彼女をゲットしたいとか、そういう悩みをどうやってポジティブに考えていくかというのは、心が一つの置き所といわれます。心って文字にしたり言葉にすると、さも物質のように勘違いしてしまいがちですけれども、本当は形なんてないですし、いろいろ動かせるものです。

本当の幸せも目に見えないのです。

私たちの体はいつでも時空に縛られていて、東京から名古屋まで来るのにも何時間もかかる。でも、心は時間や空間に縛られないで、過去のことを自由に想像したりできる。現代の人はここが全然分かっていません。

よくある自己啓発本なんかを書いている人がこういうことを分かってないので、インチキ臭くてしょうがないのです。本来、心は自由で世界中のどんなところへだって飛ばすことができるのに、いったん形あるものだと錯覚してしまうと、小さなことしか考えられなくなったり、鬱病になったりしてしまう。この大きな勘違いが、我々日本人の、現代人の、最大の悪です。

大東亜戦争の頃、日本の領土はオーストラリアの近くまであって、すごい広さでした。当時の日本人の心が、まったく時空に縛られてないということがわかりますよね。今の私たちにそんなこと考えられますか？

無知であることを自覚するためには、やっぱりいい本と出合わないとダメです。逆のものさし講に参加している皆さんには、二カ月に一回選定本をお送りしています。夏目漱石の講演録『現代日本の開化ほか』（教育出版）も選定本にしました。昔の人の講演録ってリズムがあって面白いと思いますし、もし夏目漱石が生きていて講演を行ったら、世界中からたくさん人が集まりますよ。そういうものを本で体現できるってすごいと思いませんか。

いい本のなかに書かれていることが分かってくると、読書が本当に面白くなります。ただ、ベースが必要になるので、多くの方が「難しくて分からない」とおっしゃいます。確かにそうなのですが、難しい本を読まなければいつまでも成長しません。すぐに読み終わってしまうような本は、わざわざ読まなくてもいいのではないでしょうか。うちの店でも立ち読みして「あ、難しそう」と言って止めちゃう方がいます。逆にぱらぱらぱらっと読んで、「これ簡単そうね」というのを買おうとされる方がいるんですが、そういう本には、もうあなたが知っていることしか書いていないってことを分かってください。

本の内容自体が難しいのじゃなく、自分が足りないから、無学だから難しく感じるんです。

だからこそ、本を読んでベースを持つようにしましょう。

たとえば『大阪のおばちゃん超訳ブッダの言葉』（釈徹宗 他一名・著／PHP研究所）は、仏教思想を大阪のおばちゃん言葉に訳していて、仏教のことがとても分かりやすく書いてあります。

ほかにも『桃太郎が語る桃太郎』（クゲユウジ・文／高陵社書店）も面白いです。これは同じシリーズでシンデレラも出ています。さきほど、一元論と二元論の話をしましたが、だいたい、桃太郎やシンデレラなどの童話は三人称で語られているのに対して、これは一人称で桃太郎から見た世界が描かれています。だから桃太郎は足とか手が出てくる程度で、顔や全身は本に登場しない。これは大変逆のものさし的な発想で、実に面白いです。

これまでの桃太郎やシンデレラもいいんですが、どこか「こうしなさい」「ああしなさい」と教訓めいた話になってしまいます。でも、一人称のシンデレラを読んだら、子どもは「自分がシンデレラで義理のお母さんにいじめられたら、あんなに我慢できるかしら」とか、自分のこととしていろいろ考えるようになります。この本は自費出版です。売れるかどうかの基準で本を出版するこの時代に、「一人称物語」という企画を出したら「類似本はありますか?」と聞かれてしまいます。でもこれは世界初で基準がないですから、普通は出版してもらえません。なので、この方たちは自分たちの信念を通して自費で出したんでしょう。これは全三巻で、このあと浦島太郎を出すらしいです。

こういうふうに、逆のものさしを持って挑戦している人たちもぽちぽち出てきたので、非常にいい世の中になってきていることは確実だと思うのです。でも、ちゃんとした本を読んで、しっかりやろうぜっていう人がもうちょっと増えたらいいなと思っています。

「生きるとはなにか？」と問われて、ある人は「伝承伝達だ」と答えたそうです。私たち日本人の生き方とか文化を後世に残していくのが生きるということだと言われて、「なるほどそうだ」と私は共感していますが、伝達できるものがどんどんなくなってきていると感じます。

みなさん、伝承伝達できてますか？

たとえば箸の持ち方。日本箸協会が調べた結果では、日本で正しい箸の持ち方ができる人は二五パーセントしかいないそうです。つまり、箸の持ち方がきちんと伝承されていないのです。人から何か親切を受けたときに「ありがとうございます」というのも伝承されなくなるかもしれません。

日本で培われてきたいろいろなことが伝承されないようではいけないないなと思って、私は鼻血を出しながら頑張っているわけです。

第四講

ファンになるな プレイヤーになれ

ある人に憧れて、その人の思想や行動を追随していく人たちをファンといいます。ただ、ファンだとその人を追いかけるだけで終わってしまって、だんだん自分で考えなくなってしまう危険があります。憧れを持つだけではなく、自ら動く＝プレイヤーになって、考えて行動することが大切なのです。

いろいろなセミナーに本を売りに行くことがありますが、そこに集まる人は、講師の単なるファンになってしまっていることが多いです。ファンになるのは結構なのですが、そうすると自分で何か考えたり、行動しようとしなくなりがちです。逆のものさし講では、楽で簡単なファンにとどまるのではなく、大変でもプレイヤーになるように努めようと、いつも言っています。

『5％の人』（サンマーク出版）という私の本があって、昔から「五パーセントの人になろう」と言っているのですが、皆さん聞いたことありますか？

このことを最初に言ったのは私かと思っていたのですが、すでにナチスが言っていたということがなにかの本に書いてあってびっくりしました。ナチスに先を越されたのかと思うと、なんか悔しいですけれども。

三千人くらいのユダヤ人を収容していたアウシュビッツには、ナチスの看守が二十人しかいなかったそうです。三千人が一度に暴動を起こせば、二十人なんて簡単にやっつけられるはずですが、ナチスはこの五パーセントの法則を知っていて、看守が二十人でも大丈夫だと分かっていたのです。

五パーセントの人というのはつまり、ファンではなくプレイヤーになって、自分で考えて行動できる人で、アウシュビッツから逃げる算段を考えられる人です。残りの九五パーセントは、看守に抗わないでぼけっとしている大衆。だから、五パーセントの人だけ押さえておけば暴動は起きないとナチスは解明していたそうです。すごいですよね。

ですから、収監するときユダヤ人に簡単な面接をして、こいつは五パーセントか、九五パーセントかどっちの人だろう……と判断するのです。そして、五パーセントの方だと思ったら、看守のすぐそばに置いておきました。

今の世の中も五パーセントの人が全部自己責任で「なにかやろう」と、ゼロから一を生み出そうとしている人で、残り九五パーセントが大衆だというのは変わりないんですね。だから我々は五パーセントの方のプレイヤーになろうと、そういうことなのです。

先日、ジャングルのなかで子どもを追いかけているトラが、前から飛んできた丸太の仕掛けにぶつかるという動画を見つけまして、これがプレイヤーとファンの関係をよく表しているなと、感動したんですけれども。子どもは前を走っているので、眼前から迫ってくる仕掛けの丸太が見えて避けることもできますが、トラは子どもの後ろについているから、前から来るものが見えずにぶつかってしまう。

ファンというのは、このトラと同じようなものです。先頭を走っていれば前から飛んでくるものがわかってパッとよけられますが、後ろにいたら前方になにがあるのか見えにくくなります。先頭のプレイヤーがよけたあと、後ろのファンに丸太が当たることになってしまう。確かに先頭に立つと風当たりも強いし大変ですが、だからこそいち早くいろいろなことを察知して対応できるのです。


ルソーは「大衆の幸せは動物園の檻のなかの幸せだ」と言いました。檻のなかにいれば餌も与えられるし、冷暖房完備で、空腹のときはコンビニに行けば食べ物がすぐ買える。

しかし、一旦そこから出ると山も壁もあって危険が多いうえに、自分でそれを越えていかなければならないから大変です。檻のなかの幸せも幸せでかまわないけれど、大変だとしても私は檻の外の幸せを選びたい。

そうやって大変な冒険をすることで私たちは進化できるのではないでしょうか。

サルと人間はどちらの祖先も森のなかにいたわけですが、木も水も食べ物もあって安定しているから、サルは森に残ることを選んだ。一方、人間の祖先は、森の外がどうなっているんだろうと問いを持ったから森から出たのです。ノンフィクション作家の立花隆さんは、それが人間とサルの違いで、だからこそ人間には発展があったと言っています。冒険心を持って森から出たのが人間の祖先であるから、そもそも問いを持つことや冒険すること、予定調和を壊そうとすることは、人間にとって本当に大切にしなければいけないことです。与えられたものだけで満足するようではサルと同じ。だから今の状況は人間のサル化じゃないのかと感じてしまいます。

ブルース・リーがどうして映画スターを目指したのか知っていますか？

それは、アメリカ人からひどい差別をうけたという経験があったからでした。あるとき、彼がレストランに入ろうとしたら、そこに犬を連れた日本人がきたそうです。当時日本人は名誉白人として優遇されていましたから、犬を連れていてもすんなり店に通してくれたのですが、ブルース・リーは「ノー！　中国人はダメ」と止められてしまいました。そのとき「俺は日本人の連れた犬より下か」と頭にきて、人種差別をどうひっくり返してやろうかと考えた結果が、映画スターになることだったのです。「俺が得意なカンフーでハリウッドスターになれば、中国人への差別意識をなくせる」と考えたのですね。

そこで彼はアメリカで尊敬する人に会ったら、「どんな本を読んだか」と聞いてまわったらしいです。その人の話を聞くのではなくて、どういう本を読んでその人がつくられたのかを知ろうとしました。それは、ファンではなくてプレイヤーになろうとしてるからの行動です。

たとえば「鈴木大拙を読んだ」と聞いたら、それを読むということを繰り返して、蔵書は三千冊にものぼるらしいです。そうして得た思想や哲学が、彼の武道や生き方の軸となって多くの人を魅了し、世界的なスターにまでなりました。

自分のビジネス塾を持っていて塾生も大勢いる稲盛和夫さんは、そもそも仏教の本をいっぱい読んでいる方ですし、斉藤一人さんも中国の古典なんかをたくさん読んでいます。それに、松下幸之助さんが石門心学といって石田梅岩のことを徹底的に学んだというのも有名な話です。

成功者といわれる人たちはビジネス書を読まずに、歴史書だとか中国の古典、神道だとか、だいたいそういう本を読んでいらっしゃる。

そういう事実があるのにも関わらず、稲盛さんのファンは稲盛さんの著書しか読まなくなりがちですから、本当に気をつけていただきたいです。ファンというのは、ただの評論家になってしまいますし、そうなると人として生まれてきたのにあまりにもったいないですよ。

そう考えると清水店長のファンなんて一人もいないですから、偉いでしょ。

第五講

縦糸の読書をしよう

時代が変わっても風化しない内容の本を読むことを、〈縦糸の読書〉と私は呼んでいます。一方、時代の影響を大きく受ける本を読むのは〈横糸の読書〉。こちらは枝葉の内容なので、すぐに古くなってしまいます。ものごとの本質に触れる縦糸の本を読むことが、逆のものさし思考を身につけるためにも大切なことです。

「人間が生きるために最も大切なことは三つある」と、ある本で読んだことがあります。

一つは〈精神力〉。これは力への意志がなければいけません。もう一つは〈健康〉。健康でなければ思いは叶いません。そして、三つめが〈見識〉だというのです。見識というのはものごとに動じず世間に振り回されないで、しっかりとした真理の判断ができることを指します。この見識を持つためには、時代が変わっても内容が古くならない本を読むしかありません。これを私は縦糸の読書と呼んでいます。

一方、横糸の本というのは時代が変われば内容が古くなってしまうような本です。普通、本が企画されてから出版されるまでは最低でも半年くらいかかります。最低でも、ですよ。ですから、ビジネス書などはたいてい半年以上前に書かれたものということになります。横糸の本の場合、半年経って状況が変わっている可能性がたくさんあるのです。

そもそも論を書いているような根源的な本、これが縦糸の本です。横糸の本に書いてある枝葉の話というのは、そんなに必要ないと思っています。根源的なベースさえあれば、枝葉の話をすぐに判断できるわけですから。時間とお金を使うのであれば、時代が変わっても変わらないような本を読んだ方がいいのです。

そして、縦糸の本を読むだけではなくて、実際の行動に移せる体育会系の読書家にならなければダメです。陽明学でいう知行合一、つまり知っていることと行いが一緒にならないといけない。これは結構大変なことですが、そういうところに向かって行かないといけません。我々は学者になるわけでもないし、評論家になるわけでもないですから、読んだものに刺激されて自分の仕事だとか普段の行動に移してみるというのが大事です。

中国の古典である『陰騭録《いんしつろく》』（石川梅次郎・著／明徳出版社）のなかに陰徳という言葉が出てきます。人の見ていない所で善いことをしましょう、徳を積んでいきましょう、そこには必ず「余慶あり」といって、いいことがいっぱい降ってくるよと書かれているのです。

そういう本を読んだら、実際に陰徳をやってみる。人が見ていない所でごみを拾ってみるとか、行動に移してみることが大事です。ところがSNSができてから現代人は陽徳になってしまって、まったく逆の行動をしています。「こんないいことしましたよ」と、すぐにフェイスブックに上げてしまう。あれは陽徳で非常に恥ずかしい行為なのです。

実際に陰徳を行ってみたらわかると思いますが、人の見てない所でいいことをすると、まず自分が気持ちいい。そして自分に自信がつきます。だから昔の人は陰徳をしなさいと言っているわけなのです。

「インテル入ってる?」っていうコマーシャルがありましたが、あれをもじって「陰徳入ってる?」って言葉を流行らせようと思ったんですけど、全然流行りませんでした。


たまに地方で時間ができると、普通の本屋さんに入ることがあるのですけど、並んでいるもののほとんどが横糸の本だったり、横文字がやたらに使われていたりして、普通の本屋さんはこんな状態なんだとびっくりしてしまいます。

これはまた本屋業界の話なんですが、本はそもそも読者に媚を売らないものでした。「俺はこういう思想を持っている」ということを本にして出す。鈴木大拙も夏目漱石もまず最初に「俺はこうである」と、バンと世に出しました。評価というのは出た後にされるものだったのです。

ところが今の出版物というのは、どうやったら売れるか、それが第一の目的なのでどうしたって簡単になるし、当たり前のこと、分かりやすいことを書いた本しか出せなくなってきているという現状がありますね。そう思いませんか？

本は、そもそもお客さんの機嫌を取るようなものではありません。そういうのは、テレビのコマーシャルや新聞・雑誌でいいわけです。きれいな女性が出てきて「ほらーっ」とかやってればいいわけだ。

本の本来の姿を見失ってしまっていることが、出版業界が停滞してしまっている一番の原因ではないでしょうか。

皆さんみたいに「しっかりした本を読むんだ」という人が増えてこないと、本は本来の姿に戻れなくなってしまいますから、縦糸の本を読んで実践していただきたいのです。

第六講

非効率を愛せよ

何でも効率・効率、便利・便利という世の中になっている現代。便利で効率的であることに流されて分からなくなっていること、見えなくなっていることがあります。逆に、効率的ではないことをしてみることで、分かることがたくさんあるのではないでしょうか。そして非効率を愛するということは、大きな意味で予定調和を壊すことでもあります。予定調和を壊すことで運が好転していくのです。

遊びとかゲームというのは面倒くさいものであるはずです。ゲームなら面倒でも一生懸命やるんだけど、殊に自分の人生とか仕事となると効率的に効率的に、とだけ考えるのはなぜなのでしょう。一般的に非効率というのは無駄なことと思われがちです。もちろん効率的なものも必要だけれど、非効率だから無駄でまったく無意味だという考え方には賛同しかねます。エントロピーの法則によって、ものごとはどんどん錆びていっているわけだから、効率をよくするだけの考え方ももう錆びていっているわけですよね。逆に非効率ということを考えていかないといけなのではないでしょうか。

『トカトントン』（太宰治・著）と『最強のニーチェ』の二冊は、全く違うジャンルの本ですけれども、根本のところで同じような思想があります。

まず小説のトカトントンですが、主人公の若者は戦争中、絶対に負けないと一生懸命頑張っていましたが、負けたとたんに何もかもやる気がなくなってしまいます。日本の復興のために仕事を頑張ろうと思うと、どこからともなくトカトントンという音が聞こえてきて急にやる気がなくなってしまう。好きな女の子に告白しようと思ったら、またトカトントンという音が聞こえてきて、「まぁいいや」となってしまう、という話です。現代日本人は、〈簡単・便利・サルでも分かる〉でずっと来ているから、もしかしたら精神的にトカトントンという音が鳴っているんじゃないかと私は思ってしまうわけです。「俺がやったって仕方がないし」とか、無気力であることに気づいていないというのが怖い。

『最強のニーチェ』では、人間を〈末人《まつじん》〉〈奴隷〉〈超人〉三つのパターンに分けて、三者の性質を横断歩道の渡り方の違いで描いています。

〈末人〉の場合、青になったから渡らなくてはいけないのですが、面倒くさいなーと思いながら渡る。渡り始めたら早く渡り終わらないかなぁ、と考えてしまう。〈末人〉は、まさにトカトントン症候群、面倒くさい症候群です。

続いて、〈奴隷〉の場合は、「信号をちゃんと守って青になったら手を挙げて颯爽と渡ろう」、「すれ違う人がいたら笑顔で挨拶をしよう」と言いながら渡っていきます。問いを持たなくてはダメだという話をしたと思いますが、ニーチェがここで言いたいことも同じことなんですね。なぜ挨拶しなきゃいけないのか、それも分からずに上から言われたからするというようなことではダメなのです。道徳的なことが最高だと思っている奴隷パターンの人は、大きな間違いを踏んでいます。たとえば戦時中は人をたくさん殺すことが道徳的には良かったわけですが、終戦を迎えると一夜にして一人も殺めてはいけないとなってしまう。道徳というのはそれほど簡単に変わってしまうものなのに、真実を探りも知りもせずに、それに従うだけなら奴隷だということです。今の日本は、ほとんどの人がそうだと思います。お上がこういうからこうだと。それに対して何の疑問も持たない。

権威ある人の言うことすべてに従うというのは、江戸時代から日本人に底通する癖なんじゃないかと何かの本に書いてありましたが、明治維新から一五〇年以上たってもそういう道徳というのはどうなんでしょう？　道徳に縛られて鬱病になったり苦しんでいる人が結構いるのではないか。そういうことを取っ払って、問いを持って自分で考えなくてはいけません。学校へ行きたくないなら誰がなんと言おうと行かなきゃいい。自分で「なぜ行かないか」という問いと真剣に向き合えばいいのです。考えないで言われたから従う人をニーチェは奴隷と言っているわけです。

三つ目の〈超人〉は、――もちろんニーチェは、〈超人〉を目指さなくてはいけないと言っているのですけれども――横断歩道を渡るときに横断歩道の白い線だけ踏んでジャンプしながら渡っていく、あるいはたまに一歩下がって飛んでいくとか、水たまりがあったらわざと入ってみるとか、そういう渡り方をします。われわれは子どものころ、そういう超人だったんですよね。それが何か効率的でなきゃいけない、あぁしなきゃいけない、こうしなきゃいけないと植えつけられて、だんだん超人思考ではなくなってきたのです。

今の日本は、みんな面倒くさい症候群です。トカトントン症候群といってもいい。かくいう私もそうです。ニーチェは、将来〈末人〉が増えると予言していて、日本はそのとおりになっています。

非効率を愛さなければ、文化はなくなってしまうのではないでしょうか。料理のように非効率を大切にしなければ残せないことがたくさんあります。効率ばかりを求めたら芋の煮っころがしなんて作れなくなってしまいますよ。コンビニに行って買ってくればいいわけですから。しかし、それは文化とは言えません。生きるとは伝承伝達だと言われますけど、面倒くさいと効率ばかり求めていたら伝承伝達がブツブツと途切れてしまいます。もう少し非効率を愛していかないと、本当の馬鹿になってしまうのではないでしょうか。

三性の理でもステンレスの板であるナイフが、ドスになるのかメスになるのかは使う人の心一つだと言っています。今、子どもでも平気で人を刺すようになってしまったのは、ナイフの本質が伝承伝達できていないのが原因ではないでしょうか。昔、鉛筆はナイフで削っていたのに危険だからとそれをやめてしまったせいで、ナイフがドスなのかメスなのか分からなくなってしまった。

非効率は面倒くさい。読書だって非効率ですよ。ある作家さんから聞いたのですが、講演会のあとに「本当に本は素晴らしかった。でも小説はいらないから、いい言葉だけまとめたものがほしい」という人がいたそうです。それこそまさに効率だけを求めているバカですよね。本は非効率なものではあるけれど、作者の気持ちになったり、ドキドキしながら読み進めていって結論に向かっていくところが醍醐味なんですから、よく考えて欲しいですね。

昔は、水道だってガスだってこんなに整備されていなくて、いろいろなことがありがたかったのです。だからこそ昔の人は水道局やガス会社で働く人達に感謝していました。そこが偉いと思いませんか？　私のオフクロも宅急便で荷物が届くと、配達してくれた人に缶コーヒーやお菓子をあげたりしていたものです。それは、ありがたいという気持ちがあったからなのですよ。今は荷物がちょっとでも遅れて届いたら、眉を釣り上げて怒る。それは、〈ありがたい〉と〈当たり前〉がひっくり返っているからです。本当は、当たり前のことがありがたいのに。うちなんかでもたまに「アマゾンでは送料無料なのに、なんであんたのところはお金取るんだ」と文句を言われたりします。どうかしていますよ。効率的なこともいいんですけど、それも過ぎるとやはり危ないですよね。

非効率なことをするには、頭を使わなくてはいけません。

現代は便利になり過ぎているために、私たちは道具の奴隷になっていて、たとえば、ライターやマッチがないと火のひとつも起こせなくなっています。効率ばかりを目指したせいで、近頃だとコンビニでなんでも出来合いのものが手に入るから、料理もしないというお母さんが現れたりしてしまうのです。

弁当の日という活動をしている小学校が全国で五百校くらいあって、その取り組みを描いた『すごい！　弁当力』（佐藤剛史・著／ＰＨＰ研究所）という本があります。表だっては言っていないですけれども、著者の佐藤剛史さんに聞くと、どうもこの取り組みで子どもの成績が上がっちゃうらしいです。

弁当の日というのは一年生から六年生まで、子どもが自分でお弁当を作って来る日で、そのときは親も手伝ってはいけません。まあ低学年の場合は親が少し手伝うんでしょうが、自力でやるというのが基本です。まずは買い物に行くところから始めるのですが、食材に無駄がないように作らなければいけないからイメージ力が発達する。そして、いざ料理を作るとなると段取り力が必要です。

当日は、学校にそれぞれが自分の作った弁当を持って来ます。上級生はもう何年もやっているから上手に作って来ますが、低学年の子はぐちゃぐちゃですよ。そうすると「あんな美味しそうな弁当を自分で作れるようになりたい」と、上級生に憧れるらしいです。

なによりも大きいのは、相手を思いやれるようになることです。誰かの弁当がすごく不味そうだったり、ちょっと食べさせてもらったら不味かったとしても、みんな「美味しくない」と言わないそうです。なぜかというと、みんな自分も失敗したり、苦労して作るからうまくいかなかった子の気持ちが分かるんですね。確かにそうですよ。お母さんに「なんだよ、ご飯不味いよ」なんていう子がいたとしたら、それは作る苦労を知らないからです。

弁当の日を作ると成績も上がって、本当にいい子に育っちゃうらしいのです。話を聞いてみて、これは非効率だからこそ生まれた結果だと思います。

何でもかんでも便利になっている時代だから、自らそういう選択をして、もう少し非効率を愛した方がいい。ちょっと車で行けるところでも歩いて行ってみるとか、自転車で行ってみるとか、非効率な選択をしていくことが大事です。

非効率を愛するというのは、大きな意味で予定調和を壊すことでもあります。普段何も考えていないとほとんどの人が冒険もしないし、バカなこともしない、ルーティーンの生活になってしまいます。みんな、自分は頭がいいと思っているからバカなことなんかしませんよね。だからルーティーンの生活なのです。

たとえば、今日この場に来ていることを考えても、みなさんは予定調和をぶっ壊して来ているわけです。もしルーティーンの生活だったら「今日は休みだし、家でゆっくりしてテレビでも見ようか」ということになってしまいます。それが悪いとはいいませんが、予定調和になりがちな自分の普段の行動をたまに変えてみることが必要で、そうすると運命がよくなります。

昔、アインシュタインは「神さまはサイコロを振らない」と言っていたそうです。ミサイルを飛ばすとき、風向きや重力など必要な数字を入れれば計算通りのところへ飛んでいくし、数字さえ分かれば世の中の出来事は全部予定調和で説明できる。だから「神さまはサイコロなんて振ったりしない」と言っていたのですが、その後に量子力学という確率論が出てきた。そこでは見た人によってものの居場所が変わったりしてしまうので、それが発見されて以降、アインシュタインは「神さまはサイコロを振る」と言いだしたのです。すべての出来事に神さまはサイコロを振るから、私たちが予定調和を壊すことによって、神さまのサイコロを振る機会が増えるわけです。するとそこに運のよくなるような出来事が起きる可能性がグンと高まります。だから予定調和をぶっ壊した方がいいのです。

成功法則というものがいろいろとありますが、そのなかでも最高なのは予定調和を壊すことではないでしょうか。それによって、人生に垂直の軸が起きますから。縦糸系の本を読んだり、本当に素晴らしい人との出会いとかがあると、垂直の軸が働いてスパイラル状にその人のステージが上がっていくので、同じ場所だったとしても、高さが変わります。すると考え方や見える景色が変わってくるのです。だから、垂直の軸が入らないといけません。

本屋を始めて間もないころ、斎藤一人さんという大金持ちが来て、なにか買おうとしたのですが、そのとき私は「その本は面白くないからこっちの方がいいですよ」と声をかけました。そこで予定調和が壊れたわけですよね。

そうしたらその人と仲良くなって、それ以降「この本千冊ちょうだい」とかいうお客さんになったわけです。私みたいな人間が、日本で一番の金持ちと知り合いになるなんて誰が想像します？　予定調和を壊すと、こういう奇跡が起きるのです。ただ、予定調和を壊して成功するためには、自分のレベルが上がっていかないといけません。「すべてがあなたにちょうどいい」というお釈迦様の言葉があります。素晴らしい出会いをするためには、やっぱり自分のレベルも上げていないと、話が合わなくなってしまうのです。だからこそ読書をして、いい本に出合わないと。

いつもルーティーン通り、効率的にやっていたら神さまはサイコロを振ってくれないのですから、自分のレベルを上げるためにも、予定調和を壊したり非効率を愛することを生活のなかに取り入れていただきたいのです。必ず面白いことがいっぱいあると思います。最近、私もそういうことをしようと思って行動に移しているんです。これは非常に大切ですからね。

第七講

そもそも論を考える

そもそも論とは、ものごとの本来的な意味を考えること。根源的な意義に立ち戻って、世の中を見るという考え方です。表面的なことや枝葉にとらわれずに、ものごとの核となる意味を見つめて行動をすることが大切なのです。〈そもそも〉を考えると、世界が違って見えてきて生き方も変わります。

なにか素晴らしいアイデアだったり道具だったりが出てくると、最初はその便利さの恩恵を享受できますが、だんだんそれが独り歩きするようになって、気づいたらその便利なものに自分が使われて、どこに立っているのか分からなくなってしまう。今はそういう状態にあるんじゃないでしょうか。

だからこそ、〈そもそも論を考える〉ことが重要です。

たとえば幸せとは何かとかね。

戦後復興の時代を描いたドラマなんかを見ると、幸せというのは仲間と力を合わせて元気に生きて行くということだったと気づかされます。戦時下の国の人なんかは朝目が覚めただけで幸せと感じるとか、そういうこともあるでしょう。今の日本人の場合、幸せは経済とくっついているから、何かを手に入れることが幸せだという話になってしまいます。

昭和三十年代・四十年代に社会建設という言葉がありました。これは自分が仕事をすることで直接社会に貢献できているという感覚です。それが最近はかなり薄れてきてしまった。

私が子どもの頃は親戚の叔父さんが、ただの土木作業員なのにも関わらず「東京タワーは俺が作ったんだ」「あの高速道路は俺が作ったんだぞ」と誇りにしていたものです。当時は、高速道路も東京タワーも復興の象徴だったんですね。だから自分がそういうものに携わって作ったんだ、働くことで自分も社会を作っているんだ、という概念が一般労働者にもありました。

道路や線路がほとんど出来上がってしまった今は、我々が何か社会を建設して、世の中をよりよくするために参加しているという概念がなくて、ただ給料がもらえるから働くというふうになってしまっています。そもそも仕事というのは社会とつながっているのですから、社会建設をしているんだという意識で、みんなが仕事をしないとまずいですよね。

でも、社会建設という言葉が死語になってしまって、長い歴史で初めてその意識が途切れてしまうのではないかという危惧を私は持っています。仕事をしていく上で、昔の人が言うところの使命がなくなって、日本は衰退の一途を辿ってしまうような気がしてなりません。たとえコンビニやハンバーガー屋さんのバイトだとしても、社会建設に貢献しているという意識があるのとないのではえらい違いです。「夜中に働いている人もお弁当が食べられるように俺がガンバルんだ」という気持ちがないと、人生がつまらなくなってしまう気がしますよね。

社会建設という言葉があった時代、ラーメン屋さんやおそば屋さんの客には「釣りはいらないよ」という人が結構いたんですよね。別に格好つけるわけじゃなくて、みんなに社会建設という意識があったから「おいしかったよ、ガンバレよ」という気持ちをこめて釣りはいらないよってことなのです。その循環で社会が回っていました。

そういう概念がないと、一円でも安いものはどこにあるのか、と探す現在のような状態になるのです。そんなことで景気が良くなるわけがないし、奪い合いのビジネスになってしまいます。ここは非常に大切なことです。だから、私はみなさんに〈釣りはいらないよ運動〉をすすめています。

この前、高齢なドライバーのタクシーに乗ったのですが、目的地に停まる瞬間にメーターがカチッと上がりました。そのとき、運転手さんが「あっ」、私も「えっ」と言って、お互い気まずい感じだったのですが、これまでの私だったら「ちぇっ」と思っていました。料金が上がって損したなと。でもよく考えたら、高齢の方が運転してくれて、ここまで送り届けてくれたのだから、ちょっとメーターが上がったぐらいで「それがなんだ」と、一万円も二万円も上がったわけじゃないんだから気持ちよく代金を払おうということですよ。逆に釣りはいらないよというような意識があれば、社会は、日本経済はいっぺんで良くなるような気がします。

十円でも二十円でもいいのです。「釣りはいらないよ」と言うと、こっちも気分がいい。相手もこういう世知辛い世の中だからびっくりして、たとえ十円でも喜んでくれます。それが、社会建設という古来日本人が共有していたことにつながっていくのです。老人介護とか待機児童とかが問題になっているけれども、国家と社会は違うんだから、そういうものを国家に頼んではいけないのじゃないでしょうか。社会を良くしようという思いで、私たち庶民がいろいろな問題を解決していかなきゃならない。あまりにも細かく国家にお願いしていたら、不具合が出てくるわけでしょ。国家ができるわけないですよ、そんなこと。

与えるという意識が大事なのです。〈与える〉と〈貰う〉はみんなリンクしていますから。

みんなそのお店が「儲かってくださいね」という思いで、お金を出しましょう。

斉藤一人さんはいつもそうなのですよ。お弟子さんがものを買うときでも、必ず一人さんが自分の財布から一万札を出します。そこには、お金を払うその店が繁盛しますようにという願いが込められているのです。そしてそのお金は、お弟子さんたちの間で〈ツキ金〉と呼ばれていて、縁起物のように考えられています。

今こそ私たちは、日本の現代史を学ばなくてはいけない時期に来ています。なぜ老人介護問題とか待機児童問題、環境問題が起きているのか、最初の原因〈そもそも〉を考えなければいけないのです。

高度経済成長期に、文化の伝承も置き去りにしたまま、経済優先でまず行ったのが家族解体でした。団地をいっぱい作って、一緒に住んでいた三世代の家族を分断したわけです。世代が分かれたおかげで、それまで一台でよかったテレビや電話が三台必要になって、どんどんどん豊かになっていった。そのときはそれでよかったけれども、そのしわよせがここに現れてきているわけですよね。当時は老人介護問題も待機児童問題もなかったということを考えてみてください。

それは政治が間違ったと言わざるを得ない。本来政治というのは百年ぐらい先を見なくてはだめなのに、目先のことばかりやってきたからこうなる。今起こっている問題は、政治家の間違いだという意識が我々庶民になければならないのです。政治が間違ったことで、犠牲になって苦しむのは庶民です。

そもそも論を考えないと何も解決しません。今の五十代は親の介護が大きな負担になっています。これは一人ひとりが考えないとダメな問題であり、それを政治に何とかしてもらおうとしたって、なにもしてくれませんよ。一人ひとりが大衆ではなくて庶民にならないと。与えられたものだけで喜んでいちゃダメです。

昭和三十年代から四十年代、人口の九割は家業で、サラリーマンは一割しかいなかったそうです。ほとんどの人が、そば屋さんだったり薬屋さんだったり自分の店を切り盛りしていました。今はそれが逆転しているわけです。だから余計大衆になりやすい。個人商店をやっている人は、税金を上げるなんて「ばかやろう！」ですよ。サラリーマンはそんなに切羽詰まったことがないから、いいんじゃないですかという話になってしまう。一人ずつが庶民になって、サラリーマンだって経営者感覚を持ってもらわないと困るのです。

本当は、社会主義だろうと資本主義だろうと、どんな国家体制でも社会がよくなればかまわないのです。かつて総中流でみんなが豊かになった時代の日本は、社会主義の成功だといわれていたのですから。

ひっくり返せば格差社会のときが、一番ダメな時代なのです。『TN君の伝記』を読んで分かったのですが、明治維新の原動力というのは、格差社会がひどすぎたことらしいです。外様大名は徳川にガンガン金を使わされて、ものすごく困窮していたでしょう？　庶民より貧しい。その格差がエネルギーになって維新が起こり、それで社会が壊れたわけです。

創造と破壊。創造のための破壊があるのです。今の日本も格差社会といわれているから、本来であれば革命が起きてもおかしくないですが、徒党を組んで革命をしたって変わりません。せいぜい警察に共謀罪とかで捕まるくらいですよ。だからこそ一人ひとりがそもそも論を考えないと。

義務教育はもともとナポレオンが考えた、簡単に兵隊を作るシステムだってご存知ですか？　それをイギリスが真似して、明治政府がさらに真似たわけだから、そもそも論で考えると学校は兵隊を作る場所ということです。今の時代、兵隊を作ることが必要か？　と考えてみてほしいのです。兵隊を作るような、右向け右っていうシステムは嫌だ、「学校に行きたくない」と登校拒否をする子どもの方がむしろまともだと言えます。こういう時代だからこそ親はそもそも論を知らないといけないのではないでしょうか。「何がなんでも学校行きなさい」とやっていたら、余計におかしくなります。いくら偏差値が高くても、ＡＩが出て来たら仕事を取って代わられるわけですから。

うちのお客さんでも、勉強はすごくできるけど気が回らないという子が多いです。ずっと勉強しかしてこなかった感じ。効率的なことだけして、缶蹴りとか相撲をして遊ぶということをしていないのです。相撲なんて、どんなに頑張っても体格的に絶対勝てないという相手がいると考えたら本当に非合理的な遊びじゃないですか。そういう非効率なことを体験して人生の機微とか、人間関係をつかんでいくのに、そういう経験をまったくしないで勉強だけしてきちゃった人が多い。

実際、東大に入ろうと思ったら相撲している時間なんてないですよ。昔は放っておいても勉強できる奴がいたし、そういう人が東大っていうのは別にいいですよ。でもそもそも論を前提にして子どもの人生を考えたら、遊びもできないくらい必死に勉強させて東大に入らせようとすることが、いかに愚かなことか。

江戸時代の寺子屋教育を受けた人たちが明治になり将軍になっていったわけだから、四書五経なんかを勉強していて修養があった。でも昭和になって日本の軍人は非常に弱くなりました。なぜなら、戦略戦術を練ることしか長けていなくて、ここぞというときの修養がないからです。マッカーサーも「昔の日本の軍人は強かった。なぜなら修養があった」という名言を残しています。まさに、そこを変えていかなくてはいけない。もっと強くて個性的な面白いやつが必要な時代じゃないですかね。働き方改革が話題になっていますけど、それで何をやっているかというと、もっと休みを増やそうとかトンチンカンなことになっています。「そもそも働くとは何か」ということに思い至っていないんですね。

この間も大企業の新人研修で講演をさせていただいたんですが、係りの人に聞いたら、「安定しているから」という理由で会社に入ってきている子がほとんどらしいのです。そもそもそういう理由で会社を選ぶって何かおかしな気がします。東芝のことを考えてみても、今は大会社だって潰れる可能性がいくらでもあるわけだし、そもそも「安定しているから仕事する」なんて考えの人がいい仕事なんかするわけがありません。

そうやって世の中どんどんおかしくなっている。だからこそ〈そもそも〉ってことに立ち戻って考える必要があるのです。「そもそも働くって何か」とか、「そもそも幸せって何か」とか「そもそも家族って何か」とか。

明治初期、日本には多くの外国人が来て、日本で見たさまざまな風俗を文書にして母国に報告していました。『無名の人生』で紹介しているイギリス人の残した文書では、日本の家のなかは、物がなくて清潔感に溢れていると驚き称賛しています。

考えてみたら、西洋の人は寝るためにベッドを置かなきゃいけないけど、昔の日本人は寝るときだけ布団を敷いて、終わったら畳んでしまっちゃうわけでしょ。それからむこうは食事のためのテーブルも必要だけど、日本人はちゃぶ台で、ご飯を食べるときだけ出して終わったらしまうわけです。何も物が置いてない。なんて素晴らしいんだ、と。でも今の日本人は、だいたいベッドもテーブルあるしね、考えてみたら結構邪魔ですよ。そんなふうに、そもそもの日本人の暮らしってどんなだったんだろうと〈そもそも〉に立ち戻って考えてみるということが必要じゃないでしょうか。

たとえば、そもそも介護の仕事ってなんだろうか、とか。そう考えたら、ひずみも見えてきて本来の意義に沿った行動が自ずとわかってくるはずです。

第八講

NWB、SAL、ABI 三つの法則

逆のものさし思考をするうえで大切な三つの法則、NWB、SAL、ABI。これは世の中を見たり、実際自分で行動するときに非常に大切な法則です。少なくとも、この法則を念頭に置いていたら表面的なことに左右されないでいられる。この法則を身につけるためにも、やっぱり読書は不可欠なものなのです。

ＮＷＢ、ＳＡＬ、ＡＢＩという三つの法則があるのですが、ご存知の方いますか？

以前、ある経済評論家のテレビ番組にゲストで呼ばれたことがありまして、そこで「経済の発展、お店の繁盛にはなにが必要ですか？」と聞かれて、「いやぁ、ＮＷＢの法則ですね」と答えたら、経済の専門家がびっくりしてケンカを売っているような感じになってしまいました。「専門家の俺が知らない法則があるんだ」って……知るわけないですよ、私が考えた法則ですから。たぶん、辞書にも出ていないと思います。

ＮＷＢとは、泣かす（Ｎ）、笑かす（Ｗ）、びっくりさせる（Ｂ）の略です。この三つがあると人は感動して行動したくなる、動きたくなります。

商売でもなんでもそうじゃないですか？　感動しないと人は行動しません。

映画も同じですが、その場合はＮＷＢにもう一つＳが入ります。このＳはセックスです。だいたい、映画ってそうでしょう。泣くシーンがあって、笑うシーンがあって、うわってびっくりするシーンがあって、必ずラブシーンが入りますよね。最近のハリウッド映画なんてね、なんの脈絡もなく、なんか急にチューしちゃったりして。

このNWBっていうのは、我々の人生でも、もっと取り上げるべき法則なのです。

続いてSALです。これはスピード(S)アドリブ(A)ライブ(L)の略です。

偶然の出会いが起きたときには、スピードをつけて行動しなくてはいけません。人間の本能として、時間をかけるとやらなくなってしまいます。たとえば電車で自分が座っている目の前にお婆ちゃんが乗ってきたら、たいていの日本人は席を譲ろうと思います、まずはね。ただ「でも、こんなところで恥ずかしいしな」とか、「俺も疲れているしな」とか、考えに時間をかけると結局譲らないという行動に落ち着いてしまうのです。そうじゃないでしょうか。

だから思ったらパッと動く。そうしたら今度はアドリブが必要になります。

アドリブができるようにするためにも読書体験が非常に重要なのです。このアドリブという部分は予定調和を壊すことにもつながっていて、アドリブで行動するといろいろな面白いことが起きます。

そしてアドリブで対応したら、今度はライブです。

このライブというのは、瞬時に空気を読むということです。これは仏教でいう中道です。バランスをとって真ん中に立つということではなくて、どんなことにも真ん中があってその真ん中を見つける、対立する見解を克服した位置に立つということです。鬱病の人がすごく落ち込んでいるときに「頑張れよ」って言っちゃいけないとか、よくいわれますが、そうではなくて、逆にそう言ったほうがいいときもあるかもしれない。そのときに真ん中＝中道をすっと見つけるというのが、ライブなのです。

スピードつけるというのは、瞬間に動けばできると思うのですが、難しいのはアドリブとライブです。これは、やはり本を読んでいないとできません。

本というのは、著者の一生というか喜怒哀楽が入って、そこから出てきた言葉ですから読めば豊かな体験ができます。本を読んで「難しくて分からない」という人がよくいるんですけれども、分からなくて当然だと思いながら読んでいただきたいのです。たとえば、相当な研究をしていてノーベル賞を取った人の本を読んだとして、僕たちみたいに毎日ぼけっとしている人間が、それを理解できるわけがないでしょ。そもそも分からないけど、でも分かろうとすることによって、なんとなく気づきを得られるというのが〈読書の下地〉です。これを持っていないと、アドリブでは動けません。

噺家さんで真打ちと呼ばれる人たちは、だいたい持ちネタが一五〇くらいあるそうです。場所や季節によって、どのネタをやるか瞬時に決めなくちゃいけない。それができるのは、一五〇っていう噺のベースがあるからですよね。

我々は、今まで論理的な手法でばっかりやってきた。でも、アインシュタインが言ったように、神様もサイコロを振って予定不調和なことが起こるということがちゃんとわかってきたのだから、それに対応してやっていかないともったいないですよ。本当になにがあるか分からないんだから。だからこそ、スピード、アドリブ、ライブっていうのが、これから必要じゃないでしょうか。

そして、ＡＢＩの法則です。

現代の日本人は非常に幼稚だといいましたが、なぜ幼稚かというと、判断基準が好きか嫌いか、損か得かしかないからです。これは子どもの判断基準で幼稚です。かつて日本人には粋か野暮かという判断基準がありました。これこそ大人の判断基準なのです。

明治時代の哲学者・九鬼周造が書いた『粋の構造』（九鬼周造・著／岩波文庫）には、「粋とは何か」が書いてあります。ただ、日本語なんですけど、正直何を言っているのかさっぱりわからない。


「粋とは、運命によってあきらめを得た媚態が、意気地の自由に生きること」


は？　何を言ってるんですか？　って感じですよね。

この文章のなかで大切なのは、〈あきらめ〉と〈媚態〉と〈意気地〉です。この、頭文字を取って、あきらめ（A）、媚態（B）、意気地（I）で、ＡＢＩの法則です。分かっていただけましたでしょうか。

それでは、あきらめとは何か。これは「もうやめた」というあきらめではなくて、「明らかにものを眺めて見る」ということです。たとえば名刺交換をしてすごく偉い人だったと分かったら、急にその人に媚売っちゃったりだとか、へらへらしちゃったり、年齢を聞いて自分より年下だと思ったら威張りだしたりとか、そういう人は明らかにものを見ていないことになります。なぜなら、年齢や役職が上とか下とか色眼鏡で人を見ているからです。そういうものに動揺せずに、明らかにものを見ないといけません。人があぁ言った、こう言ったということじゃなくて、自分があきらかにものを見る必要があります。

続いてＢの媚態。これは憧れることです。憧れの人を持つ。しかも亡くなっている人じゃなくてはいけません。だから尊敬する人は誰ですかと聞かれて「うちの父です」はダメなのです。だって、お父さんを尊敬するのは当たり前だし、そういうのじゃなくて、どんなに頑張っても絶対に追いつけない、亡くなった偉人に憧れを持ってそれに近づこうとしましょう。そのように、ずーっと追いつけないものを持つのが媚態。

憧れを持つことは非常に大切です。柔道の山下泰裕さんは、理想の柔道をずっと追いかけていたわけです。それはもう手の届かない憧れですよね。そして私の育ての親である茶道の師範・吉田晋彩先生が、毎晩利休がそこにいると思ってお茶を点てるのも憧れの思想です。そうして憧れを追いかけていると人間は死ぬまで成長できます。

たとえばテレビで宣伝しているすごく美味しそうな饅頭があって、それは朝早く行って並ばないと手に入れられないというのが、よくありますよね。でも、食べたいと思っても行列には並ばないで、いつまでも憧れを持ち続ける。もしその饅頭を手に入れちゃったら「ああ、美味しかった」で終わりですが、手に入れられずにいると、悔しいという反発力が出てきます。それが媚態です。

そして、意気地というのはやせ我慢。お腹が空いているのに食べるものがないとき、普通の人は「食べられない」と言いますが、武士は同じ状況でも「食べない」と言う、これがやせ我慢です。ＡＢＩの法則ができる人は粋で、空気が読める人なのです。

たとえば、シーソーに重りが載っているとそちらに傾くわけですが、このとき平行に戻すためにどこに立てばいいかと考えられる人は空気を読める人です。場合によっては、重りがすごく小さかったり、重たかったり、あるいは中心の近くにあったり……。重りの重さや置かれた位置、ときどきの状況を瞬時に判断して、どこに立つべきかと空気を読む、つまりライブできることが非常に大切です。たとえばお葬式で、ひゃーとかふわーとか言って入って来たらおかしいでしょ。そこは空気を読んで静かでないといけない。

スピードをつけてアドリブ力で空気を読んで動くと、それが瞬時に出来てくるようになるのです。

最近は、すぐに答えを与えてくれるような本が多いですね。でも、本当に人生を豊かにしてくれるのは〈答え〉ではなく、質のよい〈問い〉です。良質な問いを見つけて、それに一生かかって向き合う覚悟をしてみましょう。それが大人として生きることでもあるのです。

第九講

答えではなく問いをみつける

最近は、自分で考えずにすぐ答えを欲しがる傾向にあります。なかには徹底的にパクってしまえばいいと平気で言う人もいますが、それは自分の力にならないし、答えをすぐ聞きたがるというのは子どもと同じですよね。

日本人は総幼稚化していると言った人がいますが、本当にその通りじゃないでしょうか。自分で「なぜだろう」と考えないで、「だれだれ先生がこう言ったからそうなんだ」と言ってなんの疑問も持たない。

作家の〈ひろさちや〉さんが、中学の社会科で民主主義について「選挙をして多数決で決めていく社会だ」と勉強したとき、「先生、二＋二＝四ですけど、多数決で二＋二＝五だって決まったらどうするんですか」と先生に質問したそうです。すると先生から「多数が間違うわけがないからそういうことを気にしちゃいけない」と返ってきて衝撃的だったという思い出を語っていました。その先生の言葉に従えば、極端な話〈みのもんた〉さんが「二＋二＝五だよ」と言ったからそうなんだ、となってしまうわけです。それは恐ろしいことだと思いませんか？　だからそれぞれに問いを持つ必要があるのです。

テレビや新聞、雑誌はお金をもらって作っていますから、損得というものさしが入っています。だけど、我々は新聞社や雑誌社、テレビ局みたいに、細かい情報を知っているわけではないので、それを信じるしかなくなってしまう。だからこそ、問いを持たないとひどい目にあってしまうのです。

急須とポットの違いをご存知ですか？　ポットだと取っ手と注ぎ口が一直線上にあって、お湯を注ぐとき相手にかかってしまう可能性がある。そこで日本の祖先は、より良いものができないかという問いを持って、急須の形を発明したわけです。注ぎ口と取っ手が九十度になっていると、注ぐときに手前にお湯が出るようになります。あの形には、先人たちが持った問いとその後の工夫が表れているのです。

皆さんもそれぞれ仕事のなかで、なぜなんだろうと問いを持って工夫をしていかなくてはいけません。

本も同じです。最近は帯に、〈この本を読めば幸せになれる〉とか、〈この三つのステップで仕事が大成功〉なんて書いてあるような、答えの書いてある本ばかりで本当に嘘くさい。だけど、そんなに簡単に答えなんか出るわけありませんよ。

セミナーや講習会も嘘くさいのが多いです。ただ、そういうところに参加する人は、勉強する意思はあるはずなので本当にもったいない。人間は死ぬまで成長しないといけない動物ですから、成長したいという気持ち自体はとても大切です。ただ、おかしなセミナーに行ってしまうのは、非常に大きな勘違いをしているからなのでしょうね。せっかく勉強しようと思っているのに、自分でものを考える方向に向かうのではなくて、答えを聞きたがってばかりだから結局、それに応じてセミナーの内容も「一＋一＝二ですよ、だから足し算をしてみましょうね」とか「二×二＝四ですからね。五じゃありませんから」と概ねそんな話になっている。人の意見をそのまま聞くだけで、そこには考える余地がないのです。別にそういうセミナーがあっても構わないですけれど、それは幼稚ではないでしょうか。

それぞれ、みんな住んでいるところも環境も親も違うわけだし、必ず一人ひとりの哲学が必要になってきます。人によっては、一＋一＝二じゃないかもしれない。我々はもう大人なんですから、そういうことを自分自身で考えなきゃいけないはずです。本来はそのための勉強会なのではないでしょうか。

しっかり考えるためにも、答えの書いていないような本を読んで、問いを持つ読書をすることが大切です。

たとえば、『日本思想の言葉』（竹内整一・著／角川選書）にあるような、〈神〉〈人〉〈命〉〈魂〉とか、計れないものについて考えていく。そうすると、教養の土台、教養の海みたいなものができてきます。現実に問いを持ち続けて生きようとすると、困難があったり壁があったりするわけです。そのときに、教養の海がベースにある人は、いつでもそこから自分なりの答えを引っ張って来られます。たとえば朝五時に起きる人が成功するみたいな本がありますけど、それは著者であるあなたの場合であって、私には関係ありません。私は朝五時に寝るんだから冗談言ってもらっちゃ困ると言えるかどうか。そういうことです。

目に見えない、計れないものを常に思考のベースとして持っている人間はやはり強いし、いざというとき教養の海のなかに手を突っ込んで、目の前にある壁の越え方を自分で探し当てることができます。

疑う、否定する、そういうものごとの裏側を一度体験してひっくり返ってこないと、今後の力にはなりません。

たとえば、健康が大切だという本があって、健康な人はそれを読んでも「ああ、そうなんだ」という程度ですが、自分がもし病気だったら健康のありがたさが分かってその内容が切実に響くはずです。一回否定すること・されることで、本当のことが分かるというのが人間の癖だから、誰かから答えをもらっているばかりじゃ身につきません。

今は何もかもが逆になっているから、人間として薄っぺらいのです。SNSなんかを見ていると、いい言葉の羅列ばかりで本当に嘘くさい。チェーン店なんかのコマーシャルも、すごく美味しそうに見えるけど実物とは違うじゃないかと思うくらい嘘くさいですよ。そして、みんなそういう嘘にころっとやられてしまいます。それじゃ祖先に申し訳が立たないと思いませんか。だから単なる枝葉の知識だけを持つのではなくて、教養の海を持たないといけません。

だいたい教養の海を持っている人は魅力的です。『耆に学ぶ』（清水克衛　執行草舟　吉田晋彩　西田文郎　寺田一清・著／エイチエス）の執行社長や晋彩先生、西田先生にしろ寺田先生も皆さん教養の海があって、それが話しのなかにふっと出てくる。たとえば、メンタルトレーニングの日本第一人者・西田文郎さんも、『論語』や『武士道』といった古典から、スティーブ・ジョブズやホーキング博士まで本当に幅広い読書をされて、さらにそれを肚に落とし込んで実践されている。だからこそ、トップアスリートと呼ばれる人たちの心を惹きつける指導ができて、彼らを成功へと導くことができているのです。

それが本当の大人であるはずですが、今は大人がみんな幼稚です。平気で嘘をつくし、俺って偉いでしょう症候群にかかっている。そんなことで子どもは騙されませんからね。

大人が問いを見つけることをしなくなったら、人間の進化はありません。進化なんて言葉を使うとすごく大袈裟なように聞こえますが、先人一人ひとりが、たとえばコップを作るのだって、本当にこれでいいんだろうかと問いを繰り返してきてこの形になっているわけです。ペットボトルだってタバコだってライターだって、いろんな人たちが少しずつ改良を重ねてここまで来ているわけですから、その問いかけをいきなり私たちが止めちゃったらまずいですよね。

近年は大人が本当に幼稚化しているので、考えて答えを出そうとしない。答えが分かるよりもなぜなんだろうと考えることのほうが先のはずです。

子どもに「お母さん、なんで人を殺しちゃいけないの？」とか、「お父さん、生きるって何？」と聞かれたら答えられますか？　「お父さん、なんでいじめはいけないの？　でも、大人たちは戦争しているよね？　なのになんで僕はいじめをしちゃいけないの？」。そういう問いに答えられますか？　でも本当は、ちゃんと答えられる大人じゃなきゃダメですよ。

答えられない大人ばっかりだったら、幼稚な文化しか子どもには伝わりません。

第十講

自力と他力

〈自力〉と〈他力〉という仏教の考え方があります。どちらも同じ到達点に向かっていますが、根本の考え方が違う。日本は、一度完全に人口爆発してしまって、今人口減少の時代に入っています。これまでとは逆の思考を迫られる時代です。拡大のときは〈自力〉の論理で良かったのですが、縮小のときにもそれと同じ論理が通じるわけじゃない。〈他力〉が求められる世界へ入ってきたということなのです。この自力と他力にも、根源的な読書が関係してきます。

仏教には自力と他力という分け方があることを、皆さんも耳にしたことがあると思います。

自力の〈自〉とは自分のことで、みずから座禅したり滝に打たれたりする修行を重ねて、悟るという最終到達点に向かっていきます。修行中は悟りの境地に到達するため、「自分がどうすればいいか」と、常に自分のことを考えている状態です。

一方、他力の〈他〉とは他人のことではなく、阿弥陀仏のことを指します。つまり阿弥陀仏がすべての人を救おうとする願い――これを仏教では本願力と言います――によって、それを信じる人々は悟りの世界へ同行できるという考え方です。つまり、他力の場合は阿弥陀仏を強く信じてついて行くというところに最終到達点があり、その中心にあるのは阿弥陀仏で、自分のことではありません。

自力と他力、両方の到達点――ただ、悟るのも信じるのも到達する境地は同じなのですが――があるけれど、これからの我々には他力が大切だという話なのです。

他力とは阿弥陀仏を信じることだと言いましたが、信じるためにも本当は一度大きく疑わなくてはいけません。禅に、「大疑下に大悟有」＝「大きく疑う下には大きな悟りがある」という言葉があります。これは、第八講のそもそも論や、第九講答えではなく問いを見つけるということにも通じますが、大きく疑ったからこそ大悟、つまり「そうか」と大きく悟ることができるのです。

では、なぜこれから他力が必要なのか、を考えてみましょう。

江戸時代の人口はだいたい三千万人で、三百年間ほぼ変わらなかったといわれています。そして明治維新以降、どんどん増加して、ついには一億二千万人になって人口爆発の状態になりました。歴史を見ると、一般的に人口爆発と貧困とはセットなのですが、日本の場合、貧困にはならずに、むしろ経済大国第二位にまでなっちゃっているのが面白いというか、すごいところなのですよね。これは、どれだけ昔の日本人が頑張ったかという表れでもあります。

敗戦という苦の体験のおかげで国の発展力もあったのでしょうが、とうとう人口は一億二千万人になりました。で、この発展している期間は自力が大切だったのです。当時働き盛りの年齢だった私の父親は、清水製作所という工場をやっていて、毎日朝六時頃に家を出て、夜十時や十一時に帰って来るような生活をしていました。

それくらいみんな努力して努力して、勉強して勉強して頑張っていた。到達点へたどり着くために、自分が何をすべきか、みんな自分のことを考えている自力の状態だったんですね。

だからこそ、人口爆発が起きても貧困にならなかったのでしょう。昔はモーレツ社員なんて言葉ができるほどでしたし、男性だけじゃなくもちろん女性も頑張っていたのです。そのように人口が多いときは、努力努力でよくて、悟るための知識が必要でした。

そうして爆発してしまった人口が、今はじめて減っていくわけです。いろいろな人がいろいろなことを言うかもしれませんが、いいとか悪いとかじゃなく、普通に考えると三千万人まで人口が戻ると言われています。これはつまり逆の世界、逆のものさしの世界に入ってきたということです。

そうすると、いままでの努力が必要となる自力では立ち行かなくなるので、これからは他力の考え方が大切になります。他力の場合には、自分の都合や計画を横に置いて阿弥陀仏を信じなくては悟りを実現できません。〈自分が〉と考えるのではなく、阿弥陀仏の力が作りだしているであろうこの状況を、どう信じ切るかが大切で、そのためには自分の周囲のことを考えたり、慮ったりしなくてはいけないのです。つまりは知の代わりに情を持って、それぞれが誰かを助けるために働くとか、人情、互いに分け合うなど根本的な考え方を、今までの個人主義とは違う全体主義的な考え方にしていく必要があります。

拡大するときは〈自力〉で大を目指していましたが、減少する世界では逆に〈他力〉で小を目指すことになるのです。

仏教には、大即小という言葉があります。即とはイコールの意味。つまり大と小は同じだということです。すでに大を目指す時代は終わっているわけですが、徹底的な小を目指しても、大を目指したときと同じ結果が得られるのです。だから、これまでと同じように大を求めてはいけません。

鎌倉時代以前、仏教を信じる人は武士や貴族が中心で、日本には自力の仏教しかありませんでした。ところが鎌倉時代になって、他力が庶民の間に広がってきました。このような仏教の変革が起こった理由を、鈴木大拙は〈霊性の発現〉があったからだと言っています。この〈霊〉という字を使うと、「なんか、壺でも買わされちゃうのかな」と警戒する人もいるかもしれませんが、この言葉は昔、精神というような意味で使っていました。

鈴木大拙は、この〈霊性の発現〉を説明するために、人間であるための三本の柱という話をしています。

柱の一本目は自然と物理。重力があるとか、ものを放っておくと錆びてくるとか、そういうエントロピーの法則という、物理学的なことや自然に支配されていることです。

第二の柱が知識と道徳。一本目の自然と物理は草とか樹の世界のことですが、そこに第二の柱はありません。たとえば台風が来て倒れたとしても、樹には知識がないから「台風この野郎！」とか「訴えてやる」と怒ったりはしませんよね。ですから、知識や道徳を持ったものは植物とは違う世界にいるのです。ただし、この第二の柱だけでは人間といえません。

第三の柱である霊性の世界、これを持って初めて人間だと鈴木大拙は言います。非常な困難とか苦を得ないとこの世界に入ることはできません。しかし、この世界に入ると第一の柱（自然）も理解できるようになります。有名な画家とか、書家とか歴史に残る偉い坊さんとか、そういう人たちは非常な苦を味わっていますよね。そうすると霊性という三本目の柱が持てる。たとえば有名な画家が、自然の見えない景色を描いたりすることができるのは第三の柱があるからこそなのです。

鎌倉時代、自然に翻弄されて食料の確保が難しかったり、餓死があったりして庶民は生きるのが苦しかった。その苦しみがあったからこそ、他力という思想が広がったのですね。

それと、この時代日本人全員が苦を体験する出来事がありました。それは蒙古襲来です。当時の日本人は、我々が思う以上に、蒙古の襲来に恐怖を感じていたらしいのです。青森のわらべ歌にも「蒙古恐い」みたいな歌詞が残っているほどです。日本全土、青森までもが感じていたこの苦によって、日本人に霊性の発現が起こって鎌倉時代に他力の思想が起こりました。

苦のなかには、発展力が内包されているといわれています。甲子園に出るために、何もかも捨てて苦しい稽古をすることで野球が上達する。それが発展力です。

今の日本人はほとんどが動物園の檻のなかにいて、苦がないから発展力がないのです。ぼけっとして、スマホをいじっている。怖いですよね。

他力では、〈南無阿弥陀仏〉と唱えますが、南無というのは敬するということなので、南無阿弥陀仏は阿弥陀様を敬う・信じるという意味になります。つまり他力の場合は、信じる力さえあれば、なにが起きても「阿弥陀様の計らいだね」と思えてしまうのです。

転んで手やら鼻から血が出ちゃったとしても、他力の場合には「この程度でよかったな。阿弥陀様が助けてくれた」と思います。打ちどころが悪ければ死んでいたかもしれない、だからこの程度でよかったね、という考え方なのです。

我々は、阿弥陀様が非常に偶像化されたものだと思っていますが、実際にはそうではありません。

実在した法蔵というお坊さんは、死ぬ間際に「俺は、全員が幸せにならないと絶対に極楽浄土に行かないから！」と叫んで死んでいきました。その叫びが、今も波長としてこの世に残っていて、その波長と僕らの南無阿弥陀仏の念仏が同調すると、本当に幸せになれます。なんだか、だんだん壺っぽい話になってきましたが、これは本当です。

物理の世界では、波長が合うということが実際にあります。ビックバンという現象が、約一三八億年前に起きましたが、なぜそれがわかったのかというと、まさしくこの波長のおかげなのですね。ある会社が電波実験をしていたとき、何度やってもノイズが入ってしまうということがありました。おかしいなと思って、機械を検査したのだけれども改善されないので、よくよく調べたら、ビックバンが起こったときの爆発音によるノイズだったのです。さらに、その波長を調べたら一三八億年の長さだということがわかって、ビックバンの起きた時期が証明されました。

そう考えると、我々がこうして話している言葉も物理の世界で言えば波長として残るわけです。

西郷隆盛の座右の銘は敬天愛人ですが、西郷は神の声を聞いていたのではないのか、という人がいます。ビックバンの例でも分かったように、波長が合えば、合わせられれば本当に聞こえるということが、科学的にも証明されていますから、坂本龍馬や西郷が言ったことも波長として残っていて、それに耳が合えば実際に聞くこともできるのです。

自力と他力で大きく違うのは、自力が異時因果、他力の世界が同時因果だということです。

異時因果は、原因が結果に到達するまでに時間がかかるということ。柔道で初段を取るには何年も投げられて受け身をしたりして、時間がかかります。黒帯を取るまではさらに時間を要します。だから自力の場合には、原因と結果の起こる時間が違うのです。

ところが他力はその二つが同時に起こります。あ～幸せだなと思ったら幸せになる。我々が、ただ息しているだけでも本当はありがたいな、と。水道の蛇口をひねったら、ばーっと水が出るなんていうことも、当たり前ではなく、ありがたいことですよね。そこに気づけば同時因果なのです。今は、ありがたいと当たり前が逆になっていますが、それを元に戻そうという話なのです。

みんないつ死ぬかわからないということを考えたら、他力の方が正解ではないのでしょうか。今までとは違う次元の世界に変わろうとしているのですから、これからは逆のものさしを持とうといっているわけです。

第十一講 自らではなく自ずから

みんな自分自分って、自分が中心のように語りますけど、本来自分というのはなんなのでしょうか？　本当に自分ってあるのでしょうかね？　自分の〈自〉という文字は、本来〈自ずから＝自然〉という意味なのです。自然から分かれてきた自分。もとは自然という一つのものから、分かれてそれぞれがある。それを意識することで、世の中に対する見方は大きく変わってきます。

この〈自〉という文字ですが、これは〈自《おの》ずから〉というのと〈自《みずか》ら〉という読み方があって、昔の本を読むとカッコして（お）とか（み）と表記して、意味が違いますよとわざわざ示しています。

現代だと自らと表記されることが多くて、自分とか自由という意味の使い方をされていますが、本来は自然という意味の自ずからという使われ方が一般的でした。そして自らと使うときには僕が私がというエゴのことを指していました。

漢字から本来の意味を考えると、自分というのは自然から分かれてきたものなのだと分かりますね。神道では一人の人間のことを分け御霊と呼びます。それはつまり自然の大きなエネルギーから分れたものが、一つひとつの身体に入っているという考え方です。この身体だって土から生えてきた野菜を食べたり、植物を食べて育つ牛や豚なんかを食べることで維持できているのだから、地球から借りてきたもので、確かに人間は、自然から分かれてきたものなのだと言えます。

この本来的な意味に立ち返って、自由という言葉を考えてみましょう。今は自由が英語のフリーダムにあたる日本語で、制約がないとか、束縛がないということだと考えられています。しかし、自ずからという意味の漢字から出来上がっていることを考えると、自然に由るという言葉だと分かります。本当のことをいえば、自然や周囲から束縛を感じるような自分なんてどこにもないということです。

鈴木大拙は、この〈自由〉の意味を海外でたくさん説明したらしいです。そのときに、肘というのは外側にではなく、手前に曲がるのが本当の自由なのだという例えを使いました。つまり、肘が外側に曲がらないのは自然として何か理由があるということです。もし外側に曲がってしまったら荷物を取りにくかったりするのかもしれない。だから、肘が手前にも外側にも曲がることを自由とは言わないのだ、と。分かりづらいかもしれませんが、そういう言い方で説明したのです。

ものごとがそこにある・その状態にあるということは、自然の摂理のなかに由縁がある。それが自由の本来の意味であるということを忘れてはいけません。そうすると、自由に対する考え方が自ずと変わってくるはずです。

みんなが〈自ずから〉の自分だということに気づいて、すべてのものが自然から分かれていると考えられるようになれば、地球環境も一発で改善されるのではないでしょうか。今のように、ほとんどのことを後から出てきた〈自ら〉の意味で考えるとエゴの塊になってしまいます。それが大きな間違いの原因なのです。

最近の自己啓発セミナーなんかも〈自分〉の意味の根本を間違えているから、聞いていても寒気がするのですね。宣伝文句にも、自分をよくするとか、自分のためにとか、自分が幸せになる、自分をブランディングする方法とか書いてあって、全部、自分・自分・自分・自分。そんなセミナーに高い金を払っても、結局嘘を教わることになります。みなさんの大切な時間をどう使うのか、しっかり考えてほしいのです。

今、何が一番悪いかといったら、大人が幼稚だということです。本当は自分なんてどこにもないのに、自分が自分がと言ってエゴなことばっかり考えている。DNAだって一人ひとりが全部違うのだから、上っ面のなんとかブランディングに当てはまるわけがないのです。みんなそれぞれ違うのだから、そういうことは自分で考えましょう。よろしいですか？

おわりに ―善き種を育てよ　悪しき種を枯らせ―

東洋の心理学『唯識』

逆のものさし講を始めるきっかけとなった『退歩を学べ』は、日本におけるロボット工学の先駆者で、ロボコンを立ち上げた森政弘先生が書いた本です。ロボット工学は、もともと制御学と言う「何をやめ、何を制御するのか」を研究する学問が始まりで、つまり、ロボットの開発には制御という視点が大切だということがわかります。

森先生は『ロボット工学と仏教』（森政弘　上出寛子・著／佼成出版社）のなかでも、三性の理について書いていて、無記のことにしか触れていなかった『退歩を学べ』からさらに説明を深めて、こちらでは仏教の空《くう》という概念も使っています。空とは簡単にいうと、世界のすべてが詰まった集合体です。三性の理で話した無記と同じと考えてもいいでしょう。有名な般若心経の「色即是空、空即是色」とは、空と色が一緒だということ。色は物質のことで、すべての物質は空から生まれるという意味になります。

仏教の教えで、二千年前くらいに書かれた唯識という思想がありまして、これは東洋の心理学と呼ばれています。吉田晋彩先生が修行した京都の大徳寺は、日本で一番の禅茶、つまり禅とお茶を実践している場所なのですが、そこに今、世界中の心理学者がやって来ていることを聞きました。その理由というのが、この唯識なのです。西洋的な心理学が行き詰っているので、唯識を教わりたいとわざわざ足を運んでいるそうです。

西洋心理学がどうして行き詰ったのか。それは、検査機器の性能がどんどん上がってきて、いろいろなことが小数点以下六桁、七桁くらいまで精密に計測できるようになったことが原因です。

西洋の心理学では、心を顕在意識と潜在意識の二つに分けています。顕在意識というのは意思を持って動いていることで、たとえば今こうして喋っているとか、聞いているとかそういうことですね。一方、潜在意識というのは、心臓が動くとか、息をするとか無意識でやっていること。

では、私が水を飲もうとペットボトルを取るというのは、潜在意識と顕在意識、どちらの働きだと思いますか？「ペットボトルを持とう」と思って持ったのですから、顕在意識ですよね。ところが、さっき言ったように検査機器が有能になったために、そのように思う〇・三五秒前に、潜在意識がこれを先読みして最初の行動に出ているということが分かってしまった。それで、「これはなんだろう？　分からない」となってしまったのです。このよく分からない部分の答えが唯識によって解明できるのではないかと、みんなわざわざ大徳寺まで来ているわけなのですね。

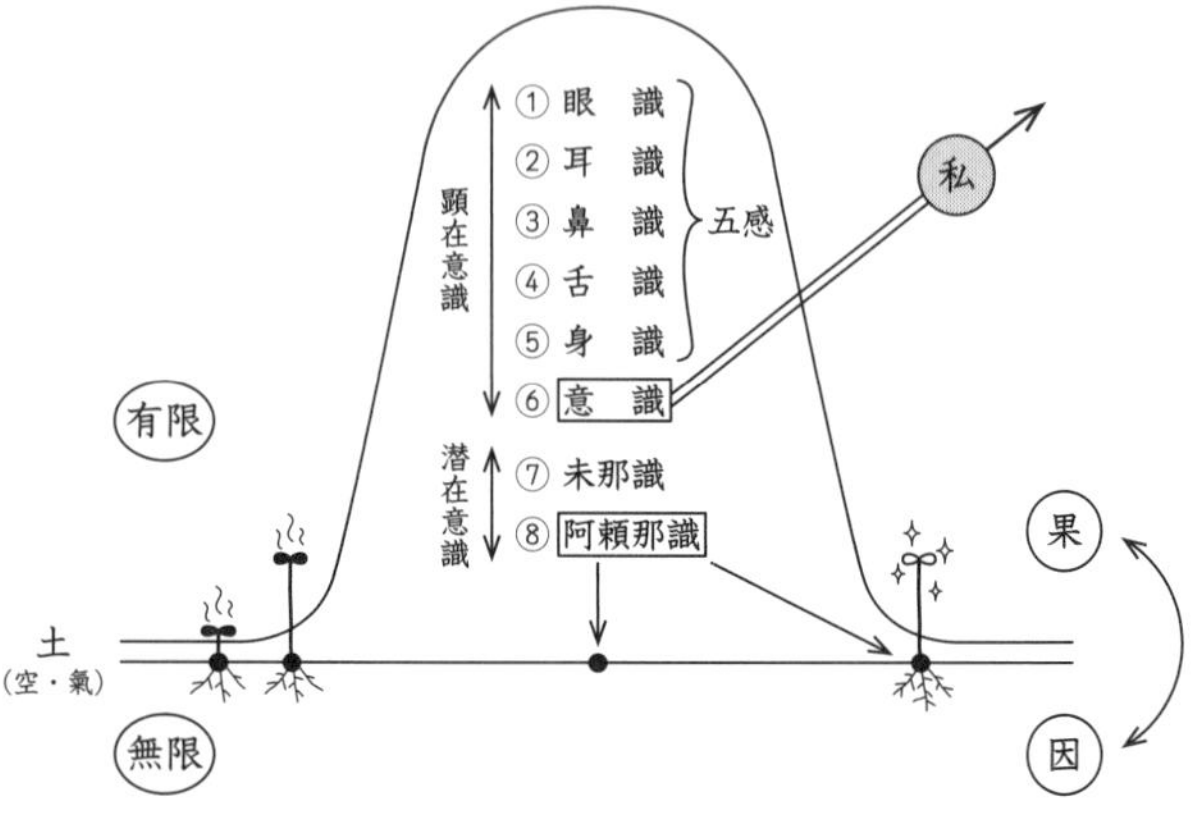

東洋の心理学である唯識によれば、人間の心は八層からなっています（右図）。①～⑤は五感と言って、見たり、聞いたり、嗅いだり、触ったりして得られる情報です。

そういう目や耳、舌などの感覚器官でいろいろなものを感じたら、続いて⑥の意識が、見たもの聞いたものを色付けします。私だったら赤ちょうちんを見て、わくわくするという色をつけますが、同じものを見てもお酒の嫌いな人はわくわくも何もしないですよね。また、私は結婚に可哀想という色をつけていますが、新婚さんなら幸せという色をつける。このように感じたことは、すべて⑥の意識でそれぞれの人によって、色がつけられるわけです。

唯識で非常に面白いのは、たとえばある人物がいるとして、その人は見ている私の外にいると普通は考えますよね。でも唯識的には、その人が私の頭のなかにいると考えます。よくよく考えると、あたった光が反射して目に入って、脳のなかで人の姿になっているのですから、見えているものは私の外にはいないわけです。こういう考え方をするには、訓練が必要ですが、できるようになると世界が非常に面白く見えてきます。ぜひ、やってみてください。景色を見るときも、それは自分の外にあるのではなくて、頭のなかにあると考えてみるのです。自分は、こういう頭のなかを見ているんだと。もし目が見えなかったり、耳が聞こえなかったら、周りは存在しないのでしょうか？　そうではないですよね。触り心地がいいとか、そういうことも人それぞれの脳で色をつけて、頭のなかに存在するわけです。

⑥の意に続いては、⑦の末那識《まなしき》と⑧の阿頼耶識《あらやしき》という層があります。⑦末那識というのは、肉体を持つことで仕方なく現れてくる欲——食欲とか性欲とかのこと——を指します。また、無意識に呼吸をさせてくれたりとか、心臓を動かしてくれているのも、この⑦末那識です。

最後の⑧阿頼耶識は、五感で見たもの聞いたもの嗅いだものが色——これはレッテルと言い換えてもいいですが——をつけられて、種となって落ちていくところです。ここには、色をつけられて種になったものがいいも悪いも関係なく落ちてきてたまっていきます。驚くことに、ここには生まれたときすでに、自分の三代前までの先祖が生んだ種も入っているということなのですね。三代前からということは、おじいちゃんおばあちゃんの頃からの感情や経験が込もった種があるわけです。私の場合、三代前まで遡ると戦争経験者がいる。すると、人を殺した祖先がいる可能性もあります。考えるのは嫌ですが、殺人をしたという種が私の阿頼那識の底に埋まっていることも十分考えられる。

もっと言えば、生物の三八億年の歴史の思いもうっすらと入っていて、先祖代々の種が阿頼那識に入っているために、心理遺伝があるとも言われているのです。人間はお母さんのお腹のなかに十月十日いて細胞分裂をします。単純に考えたら、卵からそのまま人の形になればいいのですが、実際にはそうなっていません。最初は魚になって、次いで爬虫類に、それから人間の形になっていく。それは、進化の過程で人間が爬虫類だったとき、魚だったときの記憶がうっすらと種に入っているからだと考えられるのですね。

先ほど顕在意識の〇・三五秒前に潜在意識が動くという話をしましたが、唯識で考えると末那識・阿頼那識という二つの潜在意識が、顕在意識である「五感」や「意」の前に動いているということです。つまり種が育っていると、ペットボトルを取ろうと思う前になんらかの種が動いていることになります。つまり西洋心理学で問題になっていることが、唯識では解明されているのです。

悪い種を枯らし、よい種を育てる

⑧阿頼耶識にある種は、五感で受けとって意識で色をつけたものが末那識を通って阿頼耶識に落ちてくることで刺激されて芽を出し育ちます。すると、それがその人の行動に表われてくるわけです。ワイドショーだとかで、嫌な悪いニュースなんかをたくさん見たり聞いたりしていると、阿頼耶識にある悪い種が刺激を受けてピュッと芽吹いてしまう。そうやって、悪い種が育ってしまったら、自分はそういう人間じゃないと思っていても、凶暴な事件を起こしてしまうかもしれない。怖いでしょ。逆に言えば、凶暴な人だって、おぎゃーと生まれたときはかわいかったはずなのに、何かの縁で悪い種が育ったからそうなってしまったのです。

この芽が生えた種から漂ってくる匂いを薫習《くんじゅう》といいます。

なんとなく嫌だなと感じたり、「なにか臭いな」というか嫌な雰囲気がある人っていますよね。あるいは、インチキ臭いなとか。あれは気づかないうちに薫習を感じ取っているのです。先日、口の達者な営業マンが店に来たのですが、いくら綺麗な言葉を使って理路整然と商品説明をしても、「私はあなたのお金にしか興味がないよ」というのがどことなく臭ってくる。分かってしまうのです。反対にいい匂いがしてくる人もいて、そういう人が部屋に入って来るとそれだけで空気がぱっと明るくなったりします。

この薫習を大切にしないと、どんなにノウハウ本を読んでテクニックが向上しても、ものごとはうまくいきません。たとえば就職試験の面接の仕方を一生懸命習って、マニュアル通りにやっても薫習の嫌な匂いがしてしまえば台無しです。

すると大切になってくるのは、悪い種が育つか育たないか、ということになってきます。結局、悪い種は積極的に枯らすか、燃やすしかない。その方法はいろいろありますが一番シンプルなのは、いい言葉やいい人、いい本と出合うことです。唯識は仏教の思想ですから、お経と出合うことがその方法だと説いています。いい本＝お経と出合うことで悪い種を育てない、枯らせる、燃やせる。さらには、いい種を育てられると言っているのですね。鬱病の人がどんなに薬を飲んだり、「おまえ、もうちょっとしっかりしろよ」とアドバイスを受けても、阿頼那識にある悪い種を枯らさないと解決にはなりません。人からの相談に対して、どんなに理路整然と説明しても分かってもらえないとか、相手が変わらないことがありますが、そういうときは相手の持っている種に働きかけないとダメなのです。悪い種を枯らしたり燃やしたり、極端な話、火をつけてやるとかしないと。

なによりも優先させなければいけないのは、いい芽を生やすということです。そうしたら人が動いていきますから。こういうことは学校では教えてくれないですし、世の中が成果主義ばかりで人を評価していますから、悪い薫習がどんどん増えていくのですよね。

仏教を生活に活かす『四摂法』

宗教家のひろさちやさんが書いた『釈迦にまなぶ』（春秋社）には、仏の教えを生活に生かす方法がいろいろと書いてあって非常に面白いのですが、ひろさんは、仏教とは本来、生活に生かすもので、ただお経を覚えてもダメだとおっしゃっている。

悪い種を枯らす、あるいは燃やす、逆にいい種を育てる方法として、この本では四摂法《ししょうほう》を紹介しています。

これは四つのシンプルで簡単な行為を指します。一つ目は「施すこと」。つまりお布施です。誰かや何かに施すことは大きな意味で布施です。この本には、お金は本来エネルギーで、持っているだけならばただの紙だと書いてある。つまり、使うことで相手が喜ぶエネルギーに変換されるというのですね。お金は使って初めて価値があるわけでしょ。当たり前と思われるかもしれませんが、そういうことを忘れてしまいがちです。タンス預金をたっぷりしていても、火事になって燃えたらなんの意味もない。使ってこそ意味をなします。単純にいいお金の使い方をするということでも、施しになるのです。

それから、慈愛の言葉「愛語」を使うことが二つ目です。ばばぁとかクソとか、そういう汚い言葉は言わないようにしましょう。愛語のパワーというのは、結構大きいのです。言った方も言われた方もお互い心地よくなります。いいエネルギーの交換ができるのですね。「ありがとうねぇ」とか。買い物のときにお金を投げて出すとか態度の悪い人もいますが、そういうことをしていたら店員さんも気分が悪いですよね。「ありがとう」と言えばお互いに気持ちいい。

三つ目は「利行」といって、相手の為、相手の利益になる行為をすること。そういう生き方がいいのです。最近私は、あえてちょっと損をしようという話しもしています。これは利行と同じことです。具体的にいうと、商店の牛乳なんかは賞味期限が近いものから手前に置かれていますよね。それをわざわざ奥から取っていくようなみっともないことをする人も少なくないですが、ちょっと損をしてもいいという気持ちで、手前に置かれているものから取っていくようなことです。私も「この本にこういうことが書いてあるから」と一生懸命説明した後、「本当にそうですよね。すごいですよね。俺も実践します。この本買います」と言っているそばから、ちょっとでもきれいな本を買おうとして、積んである下の方から取っていくお客さんがいるっていう……（笑）。もう、言っていることとやっていることが、まったく違って残念になってしまうのですけれども。

慈愛の言葉を使って、なるべく他人の利益になる行為をする。私も全国で逆のものさし講の勉強会をさせてもらいますが、鼻血覚悟で臨んでいますよ。ただただ「やらなきゃいけないな」という気持ちです。だから、全国で続けているわけです。ここで話していることは、大切なことだと思いませんか？　知っているのと、知らないのでは、世界の見え方が全然違うはずです。

四つ目が「同事」で、誰に対しても何に対しても平等に接すること。自分と他人を同一視すること、と言い換えてもいいかもしれません。物理の世界でも、自と他を完全には区別できないと言われています。実際に、電子顕微鏡を通して見ると、みんなただの粒子で、濃いところと薄いところがあるだけなのですね。そういうイメージを持つことが大切で、これを意識するだけで、ほんの少しかもしれませんが見えてくるものが変わるはずです。

吉田晋彩先生なんかを見ていると、本当に誰に対しても平等なんですよ。驚くくらい。平等と簡単に言っても実行するのはとても難しいです。だけど、やっぱり考えて考えて、考えたからこそ、先生はそういう「同事」を実践できているのですね。いろいろなことについてとことん考える、考え尽くすことで実行に移せるのです。私も本当に自分が最近ちょっと変わってきたなと感じています。お年寄りがこんな大荷物持っていたりするのを見ただけで、「持ちましょうか」って、つい言ってしまいますからね。

無限エネルギーの世界＝空

『得する人』（無能唱元・著／日本経営合理化協会出版局）と『人蕩し術』（無能唱元・著／日本経営合理化協会出版局）という本には、阿頼耶識を上手に使うことで商売が繁盛しますよ、人間関係が円滑になって幸せになれますよ、という話が書かれています。私たちは、学者やお坊さんになるわけではないですから、身につけたものを実生活に生かさなければ意味がありません。そのために害になるノウハウ本なんかはやめて、縦糸の読書をした方が本当の意味で幸せな人生を送れますから、それで私は本を薦めているのです。

では、本を読んで実際どうするのか。仏教の「空」とは、無限とか無記という概念です。二元論とか陰陽の世界で我々は生きているわけですけれども、その裏に莫大なエネルギーの世界があると言われていて、それが空なのですね。減りもしない し汚れもしない、莫大な空のエネルギーがある。

たとえば電気。これは誰かが発見してライトをつけたり、ここから熱を作ることを考えたはずです。でもそうして人間が利用する以前から、電気自体はずっと世界にあったはずですよね。だから発明じゃなくて発見されたということになる。もともと無限の、空の世界にあった電気が発見されたことによって、有限の世界に現れたということなのです。地球は太陽の周りを回っていると言うけど、なんで回っているんですか？　そういう、太陽の周りを回っているエネルギーも空から出ている。

我々は二元論の世界にいて、お釈迦さまは、この二元論や陰陽の世界の向こう側を見て悟りを得たと言われています。仏教によって発見された空の世界、無限の世界だって、もともとこの世に存在していました。すべては空から生まれているのです。人間でもなんでも。ここが分かってくると面白いのですね。

最先端の物理学だってビックバンが起ったことはわかっていて、じゃあビックバンのその先がどうなっているのか？　という話になっている。有限世界で解明されていること、されていないこともすべてが空のなかにエネルギーとしてある。空とはそういう集合体なのです。西洋の哲学ではもう説明しきれなくなっていることも、東洋の哲学では、何もかもが詰まっている空という世界があって、そのなかにありますよ、と言えます。今解明されているいろいろなことは、空から発見されて取りだされたと説明できるのです。この空を仏教では二千年前に発見していたのですね。

空の力で社会を進化させる

空というのは、すべてが詰まっている無限の世界です。空の世界は目に見えません。無限の世界である空と有限の世界の接するところがゼロポイントになっていて、『得する人』によると、⑧阿頼耶識も空の世界と接しています。

ここは大切なところなので、なんとかわかっていただきたいのですが。

阿頼耶識には、五感から意を通してレッテルを貼ったいろいろな種が入ってきます。だから、なんでも嫌だとか、つまらないとかいうレッテルを貼っていると、そういうつまらない種がいっぱい落ちてくることになるのです。

そして、この種には芽が生えると言いました。芽が生えるだけじゃなくて、根も空の世界に伸びていきます。そうすると、これが原因となって有限の世界に結果として現れてくる。「○○をしたい」という思いが芽生えてくると、一緒に根が伸びて空の世界に原因が生まれます。原因と結果の法則というのを聞いたことがあると思いますが、原因があるから結果がある。毎日つまらなそうにぶすっとして仕事をしていたら、それが原因となって、結果お客さんが来なくなる。逆にニコニコ接していると、それが原因となってお客さんが増える結果になる。みなさんもどこかで経験があるのではないでしょうか。

二四年前、私が読書のすすめを始めたとき、良書をびっちり揃えて「こんな素晴らしい本屋は見たことないな。絶対どこかの大統領や大金持ちが千冊ちょうだいって本を買いにくるに違いない」と本気で思っていました。そう信じてやっていたら、来たじゃない！　斎藤一人さんという人が。一人さんは著書のなかでふらっと立ち寄っただけだと書いていますが、本当はそうじゃない。私の阿頼耶識が引き寄せたのですよ。原因と結果の法則では、原因の良し悪しで結果が決まりますが、そのスタートは空のなかにあるのです。

思いは叶うと言いますけど、この法則をしっかりと活用すれば、いい意味で人生の戦いができるわけです。読書のすすめに一人さんが来たり、テレビが取材に来たりということは偶然じゃない。それを二元論でしか考えられない頭の使い方だと、偶然と言うしかないのですが、本当は偶然ではありません。だって不思議じゃないですか？　東京のはずれの小さな本屋の店主がね、芸能人でもないのに何回もテレビに呼ばれちゃったりして、そこで紹介した本がアマゾンで一位になったり。――

—まぁ、うちの店では二冊くらいしか売れないのですけどね（笑）——。すごいですよね。でも、私がすごいんじゃない。バカだから、ただこの法則を無意識に使っていたというだけなのです。

このごろはみんな頭がよくなってきて、「そんなの偶然でしょ」とすぐ考えてしまうのですけど、そうじゃないですよ。私は頭が悪いから、本気になって「絶対来るはずだ」と信じることができて、空に原因が生まれた。これは不思議でもなんでもないと『得する人』や、『ロボット工学と仏教』などを読んで唯識が分かってくると理解できます。

我々は阿頼耶識を使って、いいことをがっちりと念じながら、それを原因に据えて、有限の世界に結果を出さなくてはいけない。それが社会全体として進化するということです。

この間ラジオで、今は七五パーセントの日本人が現状に満足しているという話を聞きました。それは、大変恐ろしいことだと私は思っています。我々は今、民主主義の世に生きていますが、民主主義は時間が経つと愚民政策になると言われているのです。人々は何ものを考えなくなるし、政府の側は食べ物とお笑いを与えておけばみんなが満足するという考えのもとに、〈パンとサーカス〉という政策を出すようになります。北朝鮮問題とか、福島の原発事故だとか、人災とも言える岡山の集中豪雨……。さらにこれからは少子高齢化になるのですよね？　こういう状況でどこが満足できるのでしょう？

こんなことをやっていたら、昔の人に怒られるような気がするのです。昔から人間は幸せになりたい、便利になりたいと思って、この空に原因を作るという技を使ってきました。ところが現代日本の七五パーセントもの人が満足ですと言ってしまったら、進化への力は働かなくなってしまいます。

真我に気づけ

⑥意識が阿頼那識に落ちる種をつくると話しましたが、では意識は誰が作るのでしょう？　意識でレッテルを貼るのは誰でしょうか？　それは私ですよね。私、一人ひとりがレッテルを貼ります。

この私とは何なのでしょう？　こんなこと考えたことないですよね。

最近再発刊された『進みと安らい――自己の世界』(内山興正・著/サンガ)は、五十年前に禅のお坊さんが書いた伝説の本で、結構難しい内容ではありますが、読む価値が大変高いものです。

この本には「私というものはない」と書かれています。私なんてどこにあるのか、と。どういうことかというと、今私は〈皆さんの前で話している私〉を演じている、ただの役者なわけです。家に帰ってかみさんと一緒にいたら、夫という役をしてちっちゃくなっている。子どもといるときは、親という役になっています。学校の先生という仕事をしていたら、生徒の前では先生を演じているでしょう? そう考えたら私なんてないじゃないですか。ただの役者。この、私という役者を指示している監督がいて、それを仏教では真我と呼びます。

真我の存在に気づいて、私はただの役者なんだと思わなければダメなのですよ。そうしないと、ただの役者のはずなのに嫌なことがあったらイライラしてしまう。本当はイライラする役を演じるわけじゃないのに、意識がいつもイライラするようになってしまうのです。そうすると歩いていても、道に落ちているタバコの吸い殻とかに目がいってしまって、「なんて街が汚いんだろう」とまたイライラしてしまう。

真我を意識して、自分をただの役者だと思えるようになると、汚いものだけじゃなくて花や雲にも目がいって、「ああなんて清々しいんだろう」と思えるようになります。そういうレッテルを意識で貼ることができたら、世界が一八〇度違ってくるでしょう？　阿頼那識にどういう種が落ちるかは意識の問題で、この意識を決めるのは私。そして、私はただの役者だ。これは「自分の機嫌は自分で取る」ということでもあって、大切なことです。

だから逆にものを考えてみるのが大事なのですね。嫌なことが起こったら、ひっくり返して「これはいいことで、私を鍛えてくれているのだ」と考えてみる。それを平常心と仏教では言います。

住岡夜晃《やこう》という、知る人ぞ知る宗教家がいまして、その人に言わせると「辛苦は愉快だ。大きな辛苦が来い」ということを自覚できれば、辛いことが来るほど楽しくなって、どんなものをも恐れない力を得ることが出来るのだそうです。

住岡夜晃は、皆さんもご存知の「継続は力なり」という言葉を残した人物で、彼は明治から昭和にかけて、親鸞仏教の求道者として生き、教育に力を注ぎました。

幻の著作集といわれた『新住岡夜晃選書』（法蔵館）が、最近復刻されたのですが、読むと勇気と力が湧いてくる、実にいい本なのですね。全五巻でかなりの分量ですけれども、ぜひ読んでいただきたいです。

すぐに辛いとか忙しいだとか、時間がないだとか、暑いだの寒いだのって情けないことしか言わない弱い人に対して、住岡夜晃は「そんなことを言っていると、次から次へと辛苦が湧いてきて、何もできなくなってしまうのだから、辛いの〈つ〉の字も言うな！」と喝をいれました。実際、辛い辛いと言っていると、辛いことは体に溜まっていきます。逆に「辛いことは愉快だ、いくらでも来い」と受け入れていくと、それを克服できるし、自分の手に辛苦が残らず空の状態になって幸福になれる。そう考えると、勇気が湧いてきますよね。

だんだんわかってきていただけたでしょうか？

私は弱いからなかなかそうできないと思っている人には、強くなるために、『義と仁シリーズ』をお薦めしたいですね。『清水次郎長――海道一の大親分』（一筆庵可候・著／国書刊行会）とか、『女侠客小町のお染』（玉田玉秀斎・著／国書刊行会）なんかが出ているんですけれども。

侠客というとヤクザと同じだと思っている人も多いですが、本当は強い奴に負けないで弱きを助ける人のことを言います。強い奴に巻かれるようではいい種を落とせませんから、いつでも強い者に負けずに、弱い人を助けていい種を入れなきゃ。

人間の深層心理、つまり空のなかには人の役に立ちたいと思う〈積極的自己犠牲〉があります。たとえば、子どもが川に落ちたら、お母さんは自分が泳げるとか泳げないとか関係なく飛び込みます。それは真我による行動で、そこには積極的自己犠牲がある。頭で考えるから真我が分からなくなってしまうのです。もっと分かりやすく言うと、熱いやかんを触ったら、「あちっ」と手を引きますよね。そのとき何か考えていますか？　考えなくても「熱いから手を引かないと」と引いているわけですよね。そのとっさの行為を指示しているのが真我です。頭を使う前の私がいるのです。そこに積極的自己犠牲が入っているのですね。

植物はシマウマに食べられるために生えているわけじゃないし、シマウマもライオンに食べられるために生きているわけではありませんが、シマウマが食べられなければ食物連鎖は保たれないですから、そこには積極的自己犠牲が働いていて、自然はすべてそうなっているわけです。星だって爆発しなければ次の新しい星ができないし、我々も必ず死ぬから次に新しい子どもが生まれる。この積極的自己犠牲というのは、空のエネルギーの一つなのです。だから侠客の「強い奴に負けない、弱きを助ける」という意識、積極的自己犠牲の根性を皆さんに持っていただきたい。

〈松葉杖〉なしに自力で歩ける人になれ

唯識は三性の理にもつながっていて、本当に大切な思想です。唯識や空は二元論の世界にいるとなかなか理解しがたいかもしれませんが、「わかった！」とまではいかなくても、在ることを知っているのが大事なのです。それに、唯識は二千年くらい前に書かれて長い間に練り上げられてきたものですから、そうそう簡単に分かるわけありませんし、お坊さんでも分かるまでに三年かかると言われています。分からないからと遠ざけるのではなく、分からないからこそ分かろうとして繰り返し考えて欲しいのです。

本も「難しくて読めない」「分からない」という方がいますけど、分からないところは飛ばして読んでしまってもいいし、教科書みたいに律儀に読む必要はありません。ただ、分からなくてもいいから知ろうとする、考えようとすることが大切です。逆に分からない本だからこそ、読んでいる人にとっていい本だとも言えます。

赤ちゃんは、生まれる前お腹のなかで、お母さんと一体感を持っています。この世に出てきて、目が見えたり周囲の世界を知覚していくことで徐々に他人を意識していきますが、何かとくっついていたいという意識は人間が本来的に持っているものです。でも、大人になったらそういう意識を切り外していかないといけません。『得する人』では、この他者との一体感を松葉杖という言葉で表現しています。自己重要感が欠乏すると、松葉杖が必要になるのです。「携帯がないと生きていけない」という人は、携帯が松葉杖。現代は知らない間に松葉杖を持たされているから怖いですよね。その松葉杖がなくなったら歩いていけないのですから。

大人になっても松葉杖なしで歩けないようでは、大変な不幸です。

子どもの頃は褒められていて自己重要感が満たされていた人も、社会人になると褒められないどころか、逆に怒られたりする。すると、自己重要感を満たそうとして、極端な場合、犯罪に走ったりします。自己重要感が減るから、注目してほしい気持ちが強くなって、大きな松葉杖が必要になってしまうのです。それをうまく利用したのがフェイスブックじゃないでしょうか。「いいね」の数が自己重要感を満たしてくれる。ツイッターで炎上させる人も、同じ構造で褒めて欲しいということの裏返しじゃないかと思います。オウム真理教の話はその端的な例です。エリートで、成績がよくて褒められて育った人たちが、社会では使えなくて「何をもさもさやっているんだ」とか「もっと気を回せよ」とか叱られるうちに、松葉杖が欲しくなって宗教にハマってしまった。よくあるセミナーなんかも褒めてくれますけど、結局集まってくる人は講師や先生という松葉杖がないと歩けなくなっています。ファンじゃなくて、松葉杖なしでも歩けるプレーヤーにならないと。頭山満とか中村天風とかは、「孤独を恐れるな」と弟子に教えていましたが、こちらの方が正解です。松葉杖を外して歩かないと。一人でもきちんと立って、そして歩けるように、勉強して一人庶民革命をしていかないと。しっかりと阿頼耶識を鍛えて、戦う魂を持って生きてほしいのです。

たとえ自己重要感が欠乏していたとしても、そういう〈私〉を観察する自分〈真我〉がいると、空の世界とつながりやすくなる。これは自分で店を営む過程で私も実感しています。みなさんも、真我の視点を持ちながら「こうなりたい」と強く念じて、空の世界に原因を作りましょう。もちろん、それは真我の思いじゃなきゃダメですよ。そうじゃないと薫習が悪くなって、うまくいきませんから。

水平思考と念忘解

水平思考という考え方があって、これは戦後に私たちが学校などで学んできたロジカルシンキングとは大きく異なる思考法です。ロジカルシンキングは、言ってみれば一本の線路の上を、順を追って走って（考えて）いくというもの。ところが今、その考え方が行き詰ってきているのです。

そこで、順を追って思考を延ばしていくのは一旦止めにして、論理の飛躍があるような水平思考の考え方をしてみようじゃないか、と四十年ほど前にある学者が提案しました。

すべての仕事にはそういう水平思考が必要ではないでしょうか。読書のすすめが書店じゃないというのは、水平思考から生まれた発想です。世間で売れている本がないとか、立ち読みしていると声をかけられるとか、怖いでしょ。最初のうちはお客さんに怖がられましたよね。そういう発想は、ロジカルシンキングでは生まれてきません。

どうしたら水平思考ができるのかというと、直観とかひらめきが大切なのです。無駄なことをたくさんしないと出てこない。専門家が専門のことだけやっていたら、ひらめきは生まれません。

岡潔という世界的に有名な数学者は、仏教ばかり勉強して、釣りばかりやっていたそうです。専門とは違うことのなかにひらめき、直観が出てくる。だから無駄な本を読めばいいのです。読んだらなにかが得られるとか、そういう本を読んでいるうちはロジカルシンキングから逃れられません。無駄なことをするのですよ。この、逆のものさし講だって、ある意味無駄なことです。でも無駄のなかから生まれてくる、ひらめき・直感を大切にできれば、水平思考はそんなに難しいものではありません。みなさんの仕事にも直結すると思います。

そして、水平思考には念忘解というのが大切なのですね。ぐーっと強く念じて念じて、忘れる。そうすると答えがぽっと出てくる。考え続けられたとしても、忘れるということはなかなか難しいです。でも、そうしないとダメ。論理的な思考でやっていたら必ず行き詰まるし、逆のものさし的に世界を見て、水平思考をする人にはかないません。この法則を信じ切れた人だけが、これを使いこなせるのです。

すごく強い思いで「こんないいことやりたい！」と思って、一旦忘れる。この法則を知らない人は、「俺は起業して、みんなの役に立つ仕事をしたいんだ」と思うと、それを忘れられないのですね。すると、その想いが⑥意識で止まってしまいます。本当は、どーんと阿頼耶識のところまで入れなくてはいけなくて、それが忘れるということです。⑧阿頼耶識に入れておけば空まで根を下ろして原因になります。⑥意識にあったら「そうはいっても、日本一の金持ち来ないな」と、現実的に考えるようになってしまうのです。とにかく強く念じるということをしていただきたいですね。そういう人が増えないと、真に戦う人がいなくなってしまう。

阿頼弥識を使いこなすには、強い精神エネルギーが必要です。生きるための真の戦いに挑まなくてはいけない。住岡夜晃が言うように、辛苦にじっと耐え、むしろそれを喜んで受け入れて打ち勝たないといけないのですね。しかも、この辛苦というのは一度じゃなく、人生に何度も何度もやってきます。住岡夜晃はこの辛苦を〈天の試験〉と呼んでいますけれども、私たちはたびたび来るこの試験を突破していかなくてはいけないのです。そのための力は自分の心のなかにあります。強い精神エネルギーを持って生きるのが、真の生き方であることを知ってください。

今は平和だから戦う意識がないですし、七五パーセントの満足している人から、こういう考えが出てくるはずがありません。もっと戦う意識を持ってほしいのです。人を殺すとか殴るとかいうのではなく、人生を戦っていくという意識。戦後復興のころの松下電工とかソニーとか、かつての日本人はみんなそうやって来たわけです。焼け野原のなかで「このままじゃダメだ、なんとかしてやる！」と戦ってきたというのに今の日本人に戦う魂は感じられないですよ。だって、七五パーセントの人が満足しちゃっているのですから。みなさんには、ぜひ戦う魂をもっていただきたいと思いますね。

最近、「本出しませんか」という勧誘が世間に多くありますが、有名になりたいといった理由で作っても、うまくはいかないし、たとえ最初はうまくいったとしても、後でひどいことが起きます。真我の思いをもって、空の世界で念じたことでなければ有限の世界には決して現れてきません。空の世界で原因を作れば、必ず果になるし、それが巡って、また新しい原因ができます。

私は、真のスピリチュアル本である『準備された世界』（清水克衛　北川八郎・著／エイチエス）を出しましたが、これも私の念が空に原因を作ったからできたものです。インチキくさいスピリチュアルが横行しているので、真っ当なものを出したいと強く念じて空の世界に原因ができた結果、有限世界にこの本が生まれました。『準備された世界』ができたことで、今度は読者のなかに原因ができて、なんらかの結果が現れるようになる。そういうことが繰り返されていくのです。親鸞が説いた仏法というのはこれなんだな、と分かります。南無阿弥陀仏と熱心に唱えることで、空の世界にアクセスできると説いた親鸞は、本当にすごい人だなと改めて感じています。

真我の念が、思いを叶える

言葉が誕生して、人類は積み重ねと共有ができるようになりました。そのおかげでこれほどの進化をとげられたわけですが、言葉を信じる余り、考えることを少しずつしなくなってきました。言葉の持つ性質である積み重ねや共有は、有限の世界のもので、〈空〉とは大きく異なるものです。ただ、先ほども言ったように、人類は歴史のなかで空からいろいろなものを発見して、科学を発展させてきました。矛盾しているように感じるかもしれませんが、科学が発達したからこそ、現代はそれをベースに、空を理解できる環境が整ってきたともいえます。

親鸞は南無阿弥陀仏といえば幸せになる、ただただそれを信じろと説きました。そして、それを信じた妙好人という人たちは、本当に幸せになった。ですが、今は「ただただ信じる」というだけではなく、科学を手掛かりに考えて、空を信じられるというステージにまで来ているのです。

我々は、二元の世界で生きてきたから、なかなか信じられないかもしれませんが、斎藤一人さんも執行草舟さんも吉田晋彩先生にも、強い念を持った揺るぎない自信があります。真我に気づくと揺るぎない自信が持てるのです。達成したいことがあるなら、それを強く念じて心に一ミリの疑いも現れないようにしましょうよ。

生きていたら、〈私〉がチラチラしてきてしまいますけど、それを冷静に見つめる真我を感じられれば、必ず空の世界とつながって原因を作れます。実際に、空は私のなかにも、皆さん一人ひとりのなかにもあるのです。考えれば考えるほど唯識はすごい発見だし、なんだか力が湧いてくる気がしませんか？　ほかの成功法則で、「思いは実現する」というのもありますが、ここまできちんと説明をしているものはないのではないでしょうか。

みなさんも本を通じて勉強をしているわけですから、強い念を持って空の世界とつながってほしいのです。一人庶民革命をするとか、自分の仕事で社会に貢献するなにかを達成するとか。学校の先生ならば、「日本を支える本当にいい人物を生み出したい」と真我のところで考えられたら、必ずそういう生徒が現実世界に現れます。疑いの気持ちが少しでもあるとパワーが弱まりますから、強く念じることが大切です。そうして少しずつ社会をよくしていきましょうよ。

本書で紹介された本を改めて掲載いたします。
時代が変わっても古くならないであろう「縦糸の書」です。
ぜひ一読ください。そしてお買い求めはぜひ「読書のすすめ」で！
http://www.dokusume.net/

『退歩を学べ―退歩なくして進歩なし―』（著・森政弘／アーユスの森新書）
『コンヴィヴィアリティのための道具』（著・イヴァン・イリイチ／ちくま学術文庫）
『最強のニーチェ』（著・飲茶／水王舎）
『国境のない生き方』（著・ヤマザキマリ／小学館新書）
『たとえ世界が終わっても』（著・橋本治／集英社新書）
『ＴＮ君の伝記』（著・なだいなだ／福音館文庫）
『進みながら強くなる』（著・鹿島茂／集英社新書）
『魂の読書』（著・清水克衛／扶桑社）
『見えない心の世界』（著・根岸卓郎／ＰＨＰ研究所）
『すぐに結果を求めない生き方』（著・鍵山秀三郎／ＰＨＰ研究所）
『無名の人生』（著・渡辺京二／文春新書）
『現代日本の開化ほか』（著・夏目漱石／教育出版）

『大阪のおばちゃん超訳ブッダの言葉』（監修・釈徹宗　他一名／PHP研究所）
『桃太郎が語る桃太郎』（文・クゲユウジ／高陵社書店）
『5％の人』（著・清水克衛／サンマーク出版）
『陰隲録』（著・石川梅次郎／明徳出版社）
『すごい！　弁当力』（著・佐藤剛史／PHP研究所）
『粋の構造』（著・九鬼周造／岩波文庫）
『日本思想の言葉』（著・竹内整一／角川選書）
『耆に学ぶ』（著・清水克衛　執行草舟　吉田晋彩　西田文郎　寺田一清／エイチエス）
『ロボット工学と仏教』（著・森政弘　上出寛子／佼成出版社）
『釈迦にまなぶ』（著・ひろさちや／春秋社）
『得する人』（著・無能唱元／日本経営合理化協会出版局）
『人蕩し術』（著・無能唱元／日本経営合理化協会出版局）
『進みと安らい―自己の世界』（著・内山興正／サンガ）
『新住岡夜晃選書』（著・住岡夜晃／法蔵館）
『清水次郎長―海道一の大親分』（著・一筆庵可候／国書刊行会）
『女侠客小町のお染』（著・玉田玉秀斎／国書刊行会）
『準備された世界』（著・清水克衛　北川八郎／エイチエス）

清水 克衛　しみず かつよし

1961（昭和36）年東京生まれ。
書店「読書のすすめ」代表、逆のものさし講主宰。

大学在学中、たまたま暇つぶしのために読んだ司馬遼太郎『竜馬がゆく』第５巻との出会いがきっかけで、突如読書に目覚めるとともに、商人を志す。大手コンビニエンスストアの店長を10年務めたのち、平成７年に東京都江戸川区篠崎で小さな書店を開業。「10年や20年前の本でも、大正時代に書かれた本であっても、その人が初めて読む本はすべて新刊」という信条のもと、常識にとらわれない知恵と情熱で商いを続けた結果、全国からお客さんが訪れる繁盛店となる。
著書に、『「ブッダを読む人」は、なぜ繁盛してしまうのか。』『非常識な読書のすすめ』（以上、現代書林）、『5%の人』『他助論』（以上、サンマーク出版）、『魂の燃焼へ』（執行草舟氏との共著、イースト・プレス）、『魂の読書』（育鵬社）など、多数。

公式ブログ「清水克衛の日々是好日」
http://ameblo.jp/dokusume/

【逆のものさし思考】

初　刷 ―――― 二〇一八年十二月一〇日
著　者 ―――― 清水克衛
発行者 ―――― 斉藤隆幸
発行所 ―――― エイチエス株式会社　HS Co., LTD.
064-0822
札幌市中央区北2条西20丁目1-12佐々木ビル
phone : 011.792.7130　fax : 011.613.3700
e-mail : info@hs-prj.jp　URL : www.hs-prj.jp
印刷・製本 ―― モリモト印刷株式会社
乱丁・落丁はお取替えします。

ISBN978-4-903707-87-7